Munterrichtsmethoden

22 aktivierende Lehrmethoden für die Seminarpraxis

Harald Groß | Betty Boden | Nikolaas Boden

SCHILLING | VERLAG

Lektorat:
Erdmute Otto, Neu Darchau / Drethem

Korrektorat:
Rita Groß, Bodnegg
Jutta Wepler, Berlin

Recherchen:
Siegbert Groß, Bodnegg

© Gert Schilling Verlag, Berlin 2006
3. vollständig überarbeitete Auflage 2012
Alle Rechte vorbehalten

Harald Groß
Betty Boden
Nikolaas Boden
Munterrichtsmethoden®
22 aktivierende Lehrmethoden für die
Seminarpraxis

Gert Schilling Verlag, Berlin 2006
3. vollständig überarbeitete Auflage 2012
ISBN 978-3-930816-18-7
www.schilling-verlag.de

Orbium Seminare Berlin
www.orbium.de

Ein Methodenbuch für alle Leserinnen und Leser

Selbstverständlich wendet sich dieses Buch an weibliche wie männliche Leser. Wenn im Text der Einfachheit halber die männliche Form benutzt wird, wann immer von ›Referent‹, ›Trainer‹, ›Dozent‹ oder ›Teilnehmer‹ usw. die Rede ist, dann ist vorausgesetzt, dass jede dieser Rollen ebenso gut von einer Frau übernommen werden kann.

Inhalt

Inhalt

Herzlich willkommen!

Vorwort
von Prof. Dr. Klaus W. Döring

Inhalt

Herzlich willkommen!

Hallo und guten Tag,

herzlich willkommen auf den ersten Seiten Ihres neuen Methodenhandbuches! Schön, dass Sie sich für unsere Munterrichtsmethoden interessieren. Wir wünschen Ihnen lehrreiche und vergnügliche Lesestunden.

Wahrscheinlich haben Sie bereits den Titel und den Text auf der Rückseite studiert, möglicherweise auch schon ein wenig im Buch geblättert und in das eine oder andere Kapitel hineingeschnuppert.
Was ist Ihr erster Eindruck?
Vielleicht konnte das Buch bei Ihnen eine Begeisterung auf den ersten Blick entflammen? Denn nach genau solchen aktivierenden, handfesten und praktischen Ideen für den Seminaralltag suchen Sie schon lange.

Vielleicht aber blicken Sie auch ein wenig skeptischer auf die Sache und fragen sich, ob Lehrwege wie die beschriebenen Munterrichtsmethoden in der beruflichen Weiterbildung für Erwachsene überhaupt gebraucht werden. »Was habe ich als Trainer, Dozent oder Referent davon?«, »Bringt

es den Teilnehmern wirklich etwas, so zu lernen?«, fragen Sie sich vielleicht.

Die Stärken unserer Munterrichtsmethoden wollen wir Ihnen daher jetzt gleich an einem alltäglichen Weiterbildungsbeispiel zeigen:
Stellen Sie sich vor, Sie nehmen an einer eintägigen Schulung zu einem Fachthema Ihrer Wahl teil. Es ist 13 Uhr. Gleich gibt es Mittagessen. Kurz vor der Halbzeit ziehen Sie für sich die erste Bilanz …

Fall 1: Ohne Munterrichtsmethoden

Oh je. Endlich Mittagspause. Das zieht sich heute. Und macht müde. Ich konnte zum Schluss eigentlich nichts mehr aufnehmen. Woran das bloß liegt?
Na ja, der Dozent redet fast ununterbrochen. Schon über vier Stunden! Mit einer Minipause. Nur manchmal stellt er Fragen. Aber bevor überhaupt jemand was sagen kann, beantwortet er sie auch schon selbst. Inhaltlich ist das wirklich viel und gut, was er da erzählt und mit den vielen Folien zeigt. Aber was nützt mir das viele Wissen, wenn ich schon bald wieder fast alles vergessen habe? Ob es den anderen auch so geht? Wie soll ich bloß nachher die Mittagsmüdigkeit überstehen?

Fall 2: Mit Munterrichtsmethoden

Was? Schon Mittagspause? Die Zeit verging wie im Flug. Habe gar nicht bemerkt, dass es schon so spät ist!

Woran das bloß liegt?

Na ja, wir waren den ganzen Vormittag voll dabei. Gleich morgens bei der Raterunde. Und dann haben wir die fünf Formen entwickelt. Eigentlich waren wir immer beschäftigt: zuhören, Tabelle ausfüllen, lesen, nachfragen, mit dem Sitznachbarn darüber beratschlagen. Und dann kam schon die Fallaufgabe in den Fachgruppen. Wahnsinn, was wir in der kurzen Zeit alles gemacht haben. Freue mich auf den Nachmittag. Mal sehen, was uns da erwartet!

Fall 1 ist weitgehend eine ›One-Man-‹ oder ›One-Woman-Show‹. Der Dozent trägt vor, zeigt und erklärt. Für manche Dozenten ist das herausfordernd, andere blühen dabei so richtig auf. Für die Lernenden aber ist diese Lernform fast immer anstrengend und mühsam. Denn ihr Einsatz beschränkt sich darauf, zuzuhören, zuzuschauen und den Gedanken des Trainers zu folgen. Und das ist harte Arbeit.

Ganz anders bei Fall 2: Hier sind die Lernenden immer wieder und in unterschiedlichster Weise gefordert: Erklärend, lesend, schreibend, sehend, hörend, diskutierend und fragend erarbeiten sie sich den Lernstoff, angeleitet durch den Dozenten. Mit Hilfe der Munterrichtsmethoden setzen sie sich **aktiv** mit dem Thema auseinander. Das bewirkt nicht nur eine größere Verarbeitungstiefe; die Lernenden sind auch wacher bei der Sache und behalten viel mehr vom Lernstoff. Und: das Ganze macht einfach mehr Spaß!

»Klingt gut«, denken Sie jetzt vielleicht. »Aber ob sich **meine** komplexen und sperrigen Fachthemen munter unterrichten lassen?« Schon manchmal haben auch wir befürchtet, an die Grenzen der Munterrichtsmethoden zu stoßen – zum Beispiel, wenn wir in unseren Trainingswerkstätten mit Experten unterschiedlichster Fachdisziplinen Schulungskonzepte entwickeln. Knochentrockene und höchst anspruchsvolle Themen wie internationale Rechnungslegung oder Baurecht sollen in leicht verdauliche Happen portioniert werden. Ob das wirklich in jedem Fall mit den Munterrichtsmethoden zu machen ist?

Bis heute ist es uns aber immer wieder gelungen, lebendige Schulungseinheiten zu entwickeln, in denen sich die Lernenden gezielt und motiviert an den Stoff heranwagen und die – wenn auch schwierigen und umfangreichen – Inhalte effektiv lernen.

Wetten, dass es auch Ihnen gelingt?

Weil wir die Wette gewinnen wollen, haben wir drei Bitten an Sie:

1 Munterrichtsmethoden kennen lernen

Das ist die naheliegendste Bitte: Sollten wir mit unserer Einleitung Ihr Interesse weiter geweckt haben, können Sie sich jetzt an die Lektüre machen. In Kapitel 1 stellen wir Ihnen sieben grundlegende Prinzipien vor. In Kapitel 2 lernen Sie unsere 22 Methoden mit ihren möglichen Varianten und zahlreichen Beispielen aus unterschiedlichsten Fachgebieten kennen.

2 Munterrichtsmethoden für Ihre Themen übersetzen

Das ist die herausforderndste Bitte: Obwohl wir Ihnen eine Menge Beispiele und mögliche Variationen vorstellen, bleibt Ihnen die Aufgabe, die Methoden an Ihre Themen anzupassen. »Passt die Methode zu meinem Ziel?«, »Lässt sich mit diesem Weg mein Thema vermitteln?«, »Passt der auserkorene Weg zu meiner Teilnehmergruppe?« Diese und weitere Übersetzungsfragen werden Sie sich immer wieder stellen müssen, um mit den Munterrichtsmethoden in Ihren Seminaren, Kursen und Vorlesungen erfolgreich zu werden. Ganz allein wollen wir Sie mit diesen Fragen aber nicht lassen: In Kapitel 3 finden Sie Ideen und Hilfen für die Auswahl und Übersetzung der Methoden.

3 Munterrichtsmethoden mutig ausprobieren

Nun kommt die spannendste Bitte: Für die Teilnehmer machen die Methoden das Lernen lebendig und munter. Aber auch für Sie als Referenten kann es mit den Munterrichtsmethoden richtig aufregend werden. »Ob meine Idee mit dem **Schema X** (Methode 11) heute wohl hinhaut?«, fragen Sie sich vielleicht auf dem Weg zum Seminar. Oder: »Soll ich die Leute wirklich auf den **Lehr-Lern-Gang** (Methode 8) schicken, anstatt die wichtigsten Ergebnisse noch

einmal selbst zusammenzufassen?«
Die Zweifel sind berechtigt, denn noch
wissen Sie nicht, wie die Methoden
ankommen. Da hilft nur eines. Mutig
ausprobieren!

Dabei wünschen wir Ihnen jetzt viel
Freude und viel Erfolg!

Berlin, im September 2006
Harald Groß, Betty Boden,
Nikolaas Boden

Vorwort
von Prof. Dr. Klaus W. Döring

Natürlich – da stimmt doch jeder zu:
Erfolgreich lehren in der beruflichen
Weiterbildung:
- Da muss der Dozent ein erstklassiger
  Fachmann sein ...
- Da muss der Dozent eine
  Persönlichkeit mit sozialer
  Intelligenz sein ...
- Da muss der Dozent Humor haben,
  geistreich und witzig sein ...
- Da muss der Dozent sympathisch
  sein und Ausstrahlung besitzen ...

Ja, ja, ja, alles richtig, alles schön und
gut – und dann packt dieser Mensch sein
Folienpaket aus oder schaltet seine wohl-
vorbereitete Power-Point-Präsentation
ein – verkleidet als ›Folienschleuder‹
und alles ist verloren! Da tritt nämlich
einer in trickreicher Verkleidung an: Ein
sogenannter ›Didaktiker ohne Didaktik‹.

Da müsste doch auch jeder zustimmen:
- Ein Sänger muss (gut) singen
  können ...
- Ein Taxifahrer muss (gut) Autofahren
  können ...
- Ein Chirurg muss (gut) operieren
  können ...

Und ein Dozent, Trainer, Ausbilder???

Ein solcher muss sicher vieles
können – aber in erster Linie muss er
doch wohl (gut) unterrichten können.
Und er muss dies – wie gesagt – vorran-
gig sehr gut können: Denn wenn es mit
der Didaktik hapert, dann steigen die
Teilnehmer zurecht sowohl mental wie
emotional aus und der ganze – zumeist
sehr teure – Aufwand ist ›für die Katz‹.

Also: Dozenten, Trainer, Ausbilder der beruflichen Weiterbildung, die es mit erwachsenen, selbständig denkenden Lernenden zu tun bekommen, brauchen nichts dringender als ›Lehr- und Unterrichtsmethoden‹, als die Befähigung also, ein interessantes und abwechslungsreiches Lerngeschehen zu organisieren, in dem mündige Teilnehmer geistig ›ein- und ausatmen‹ können.

Es ist einfach nicht die Aufgabe von Trainern, aus den Teilnehmern etwas Bestimmtes zu machen, sie etwa mit aalglatter Technik zu überrumpeln, mit Informationen vollzustopfen und zu indoktrinieren. Wohl aber ist es ihre Aufgabe, den Teilnehmern durch eine überzeugende Didaktik dabei zu helfen, etwas aus sich zu machen ...
Eigene Ziele zu verfolgen, sich fachlich zu entwickeln, vielleicht etwas mutiger, kreativer, sozial sensibler und lernfähiger zu werden.

In diesem Geist jedenfalls ist das vorliegende, ganz praxisorientierte Methodenbuch geschrieben. Es ist ein ›richtiges‹ Buch, weil es die richtigen Akzente setzt, Mut macht und den Gedanken in den Vordergrund rückt, dass abwechslungsreiche ›Munterrichtsmethoden‹ nicht nur für die Teilnehmer, sondern auch für den Dozenten und Trainer gut sind. Denn die Freude und Energie, die von einem interessanten Lerngeschehen ausgeht, bewirkt nicht nur gute Effekte bei den Lernenden, sondern sorgt ganz nebenbei auch dafür, dass der Dozent gesund und munter bleibt.

Wie eine Reihe von Untersuchungen nämlich eindrucksvoll zeigen, müssen sich Unterrichtende vor allem vor didaktischer ›Rigidität‹ hüten – was bedeutet, dass Verhaltensstarrheit, Methodenmonotonie und Marotten unbedingt zu vermeiden sind, wenn denn Freude und Motivation an dieser zugegeben anspruchsvollen Rolle des ›Lehrers für erwachsene Teilnehmer‹ erhalten bleiben sollen.

Sehr richtig wird in diesem interessant und abwechslungsreich gestalteten Handbuch vorgezeigt, wofür im Lernprozess plädiert wird – nämlich einen spezifischen didaktischen Mut zu entwickeln, eingefahrene Gleise zu verlassen, und sich wirklich auf die Teilnehmer als Lernpartner einzulassen.

Dass scheinmoderne Methoden wie Folien- und Power-Point-Präsentationen mit Vorsicht zu genießen sind, hat viele Gründe ... Aber ganz sicher ist die vor allem bei den Teilnehmern verbreitete Abneigung gegen derartige unpersönliche ›Methoden‹ darin begründet, dass sie die notwendige menschliche Begegnung nicht zulassen, ja, sie regelrecht verhindern.

Derartige ›Methoden‹ installieren in scheinbar modernem Gewand nämlich letztlich hierarchische Verhältnisse, beleben den Nürnberger Trichter von vorgestern und zementieren ein Weltbild, indem eine unpersönliche ›Pädagogik der Mitteilung‹ das Sagen bekommt. Genau dies möchten die Autoren des vorliegenden Buches nicht.

Sie aktualisieren mit ihrem Anliegen damit einen Ansatz, der an der Technischen Universität Berlin im viersemestrigen, postgradualen Studiengang ›Weiterbildungsmanagement‹ in sechzehnjähriger Qualifizierungsarbeit entwickelt und konsequent publiziert worden ist. Grundlage dieser Didaktik ist es, vom modernen ›situierten Lernbegriff‹ auszugehen, d.h. von einem Ansatz, bei dem die vom Dozenten didaktisch gestaltete Lernsituation zum Dreh- und Angelpunkt der pädagogischen Arbeit gemacht wird. In diesem Ansatz hat Bevormundung, Hierarchie, Stoffhuberei, Monotonie, Besserwisserei, soziale Gleichgültigkeit usw. nichts zu suchen. Im Mittelpunkt steht vielmehr die soziale Zuwendung zum Teilnehmer und seinen geistig sozialen Bedürfnissen, seinen Zweifeln, seinen Ängsten, aber auch seinen Hoffnungen und fachlichen wie menschlichen Ansprüchen.

Das sind wichtige, große Ziele, die in einer partnerschaftlich ausgestalteten Begegnung – wie es Lernen und Unterrichten einmal sind oder doch jedenfalls sein können – didaktisch einlösbar und umsetzbar sind. Die Autoren haben recht, wenn sie unterstellen, dass das Verfolgen dieser Ziele eine für den Dozenten rückbezügliche und positive Sache ist.

In dieser methodengerechten Didaktik hilft sich der Dozent in wohl
verstandenem Sinne auch selbst:
Er gewinnt Freude an der Arbeit, ist
stolz auf die gezeigte Leistung, erfährt
Anerkennung durch die Teilnehmer
usw. All dies braucht jemand, der sich
professionell langfristig engagieren und
große wie kleine Ziele erreichen möchte:
Ziele für die Teilnehmer, für das jeweilige Unternehmen und für die eigene
persönliche Entwicklung, Ausrichtung
und Aufstellung!

Berlin, im September 2006
Prof. Dr. Klaus W. Döring

Munterrichtsprinzipien

Munterrichtsprinzipien

Munterrichtsprinzipien

Bunt und vielfältig sind die Munterrichtsmethoden. Ein guter Mix davon macht das Lernen (und auch das Lehren) abwechslungsreich und kurzweilig. Bei aller Vielseitigkeit haben die Munterrichtsmethoden dennoch eine Menge gemeinsam. Sieben Prinzipien ziehen sich wie ein roter Faden durch diese Methodensammlung.

 1 Jede Methode hat ein konkretes Lernziel

 2 Die Lernenden sind aktiv

 3 Gemeinsam lernen

 4 Die Methoden fordern heraus

 5 Es macht Spaß, so zu lernen!

 6 Der Erfolg hängt vom Einsatz der Lernenden ab

 7 Besondere Methoden fördern die Erinnerung

**Erstes Munterrichtsprinzip:
Jede Methode hat ein konkretes
Lernziel**

»Mal ehrlich:
Munterrichtsmethoden –
nach anständiger Arbeit
und ordentlichen Resul-
taten klingt das ja nicht
gerade. Bestimmt geht's
da recht soft und kuschelig zu im Seminar. Nett eben … «

Lernen mit den Munterrichtsmethoden
ist tatsächlich häufig durchaus ›nett‹
(mehr dazu beim fünften Prinzip). In
erster Linie aber dient jede Methode
dazu, ein ganz bestimmtes, konkretes
Ziel zu erreichen: Ziel beim **Schwärzen**
(Methode 7) zum Beispiel ist, dass die
Teilnehmer zentrale Informationen aus
Texten herausarbeiten. Bei der **Inventur**
(Methode 13) sollen die Lernenden am
Ende Einzelheiten aus dem Stoffgebiet
erinnert und aufgefrischt haben.

Alle Munterrichtsmethoden verfolgen also ein konkretes Lernziel: Sie
sind ›Vehikel‹, um möglichst leicht zum
gesteckten Ziel zu gelangen. Damit das
gelingt, ist Ihr Einsatz gefordert. Ihre

erste Aufgabe ist es, bei der Planung klar
zu definieren, **wofür** Sie eine Methode
einsetzen wollen, **wohin** Sie mit Hilfe
der Methode gelangen wollen.

»Was genau willst du mit mir
erreichen?«, »Was sollen die Teilnehmer
durch mich und mit mir lernen?«
Diese Fragen müssen Sie sich von den
Munterrichtsmethoden gefallen lassen.

Hilfreich dabei ist es, noch einmal
innezuhalten, noch ein wenig genauer zu werden und die gewünschten
Ergebnisse herauszufinden. Es lohnt sich,
zu benennen, worum genau es Ihnen bei
einem bestimmten Seminarbaustein vor
allem geht:

Sollen die Teilnehmer etwas Neues
kennen lernen? Wenn ja, was?

Sollen die Lernenden etwas
Schwieriges **verstehen**? Wenn ja, was?

Sollen sie am Ende etwas
Theoretisches praktisch **anwenden**
können? Wenn ja, was?

Oder sollen sie in der Lage sein, die
Sache zu **beurteilen**? Wenn ja, was?

17

Zweites Munterrichtsprinzip: Die Lernenden sind aktiv

 Im zweiten Kapitel finden Sie die Munterrichtsmethoden. Wenn Sie einmal flott durchblättern, wird Ihnen eines bald ins Auge stechen:
Auf welcher Seite Sie auch landen, immer wieder stoßen Sie auf Stellen, in denen Tätigkeiten der Lernenden beschrieben werden. Es wimmelt geradezu von Teilnehmeraktivitäten:
Da wird abgestimmt, gelesen, markiert, vorgestellt, gefragt und geantwortet. Da treten einzelne Teilnehmer vor und erklären, fassen zusammen oder stellen in Frage. Paare und Gruppen kommen in unterschiedlichen Formationen zusammen und diskutieren, sortieren und präsentieren Ergebnisse.

Wer mit den Munterrichtsmethoden lernt, nimmt also an keiner öden ›Sitzung‹ teil. Ganz spür- und sichtbar ist hier Aktion im Gange.

Aber auch über die sichtbaren Aktivitäten hinaus halten die Munterrichtsmethoden die Lernenden auf Trab. Der Geist wird ordentlich in Schwung gebracht. Da wird überlegt, kombiniert, scharf nachgedacht und assoziiert. Es wird erinnert, hinterfragt und zugehört.

Die hohe Aktivität ist wesentliches Kernprinzip der Munterrichtsmethoden. Die Erfahrung zeigt, dass es sich unbedingt lohnt, die Lernenden immer wieder von Kopf bis Fuß aktiv werden zu lassen. So sind die Teilnehmer nicht nur sehr wach bei der Sache, sie eignen sich die Inhalte auch wirksamer an als bei passiver Aufnahme. Denn was man sich selbst erarbeitet hat, wo man persönlich engagiert dabei war, das prägt sich tief und in allen Sinnesebenen ein.

Unser zweites Munterrichtsprinzip darf jedoch nicht falsch verstanden werden. Wir rufen nicht zu blindem Aktionismus auf! Ziel der Sache ist nicht, die Teilnehmer – in einer Art methodischem Beschäftigungsmarathon – mit einer Aufgabe nach der anderen in Daueraktion zu bringen. Sollten Sie vorhaben, an einem Seminartag eine Munterrichtsmethode nach der anderen ›abzufeuern‹, so können wir davon nur dringend abraten.

Zweites Munterrichtsprinzip

Die herausfordernde Aufgabe für uns
Referenten ist, Zeiten der Teilnehmer-
aktivität mit Zeiten der Teilnehmer-
entspannung immer wieder richtig zu
mischen; weder das eine, noch das
andere zu übertreiben. Damit Sie –
vor lauter Freude an den aktiven
Lehrwegen – keine ›Überdosis‹
Munterrichtsmethoden verabreichen,
schauen Sie am besten gleich jetzt im
Kapitel Munterrichtsmethodenwahl zu
Tipp 3. Dort finden Sie praktische
Hinweise, wie Sie die Methoden schon
bei der Planung gut dosieren können.

Drittes Munterrichtsprinzip

Drittes Munterrichtsprinzip: Gemeinsam lernen

»Wenn ich das schon höre: Gemeinsam lernen! Ich ahne, was jetzt kommt: Gruppenarbeiten und dieser ganze Firlefanz! Was ich da schon erlebt habe: Mit irgendwelchen Leuten wird man in Zwangsgruppen gesteckt, dann wird ewig ohne Sinn und Ziel daherdebattiert und man lernt so gut wie nix Neues, während der teuer bezahlte Dozent eine Kaffeepause nach der anderen macht. Der Referent ist doch der Experte, da soll er auch anständig was vermitteln für sein Geld! Wahrscheinlich hat er nicht genug Programm und streckt den Tag mit einem Gruppenauftrag nach dem anderen.«

Solche und ähnliche Reaktionen hat unser drittes Munterrichtsprinzip schon manchmal ausgelöst, wenn wir es in Seminaren oder bei Vorträgen vorgestellt haben.

Warum stehen wir dennoch voll dahinter? In Seminargruppen von 10, 12 oder 15 erwachsenen Teilnehmern schlummert ein ungeheures Potential: Jeder der Lernenden bringt eine enorme Portion Berufs- und Lebenserfahrung, Wissen, Ideen und Fragen, aber auch bestimmte Fähigkeiten mit in den Kurs. Dieses Potential sollten wir in Kursen und Seminaren nicht verschenken, sondern gezielt für alle Teilnehmer hervorlocken und nutzbar machen.

Die Umsetzung dieses Prinzips kann viele Gesichter haben. Gemeinsam gelernt werden kann durch gut angeleitete Fachdiskussionen (z. B. mit der **Tempo-Thesen-Runde**, Methode 1), Fallschilderungen und -besprechungen (z. B. mit der **Faktenparade**, Methode 3) oder kurze Gesprächssequenzen mit einem oder mehreren Sitznachbarn (z. B. beim **Schnattern**, Methode 20).

Drittes Munterrichtsprinzip

Allen beispielhaft aufgezählten Formen ist eines gemeinsam:
Sie bieten die Chance, nicht nur vom Dozenten, sondern auch von und mit den anderen Teilnehmern im Kurs viel Neues zu lernen.

Viertes Munterrichtsprinzip: Die Methoden fordern heraus

Sonntags vor ganzen Seminarwochen genießen wir manchmal mit Freunden die ruhigen Stunden vor Wochenstart. Und bisweilen kommt es vor, dass wir bei Kuchen und Kakao erzählen, was wir in der neuen Woche munterrichtsmethodisch mit den Seminarteilnehmern vorhaben. Nach ein paar Minuten haben wir die traute Kuchenrunde dabei schon manchmal mächtig aufgemischt:

»Was? Das ist nicht euer Ernst! Das könnt ihr unmöglich machen. Mich als Teilnehmer würde das total überfordern. Schon wenn ich daran denke, was ihr mit euren Temporunden und blinden Entscheidungen da von den Leuten verlangt, bin ich total blockiert!«

Uns liegt es fern, so konnten wir bislang (fast) alle Kuchengäste beruhigen, die Leute in den Seminaren in Angst und Schrecken zu versetzen oder maßlos zu überfordern. Darum geht es natürlich nicht und das wäre auch völlig kontraproduktiv. Aber: Herausfordernd, spannend und manchmal auch ein wenig aufregend machen wollen wir die langen Lerntage durchaus. Mit den Munterrichtsmethoden versetzen wir die Teilnehmer in einen positiven Erregungszustand:

Die Herausforderungen sollen das Lernen spannend machen, und wenn wir die Teilnehmer bisweilen an gewohnte Grenzen bringen, dann erhöht das in der Regel ihre Motivation und letztlich ihr Aufnahmevermögen. Die Seminarinhalte sollen eben nicht nur vom Dozenten bequem serviert und von den Lernenden – mehr oder weniger gewinnbringend – genossen werden.

Die Munterrichtsmethoden fordern die Lernenden heraus, sich dem Thema wirklich zu stellen, sich mit dem Lernstoff offensiv auseinander zu setzen, manchmal richtiggehend mit den Inhalten zu ringen. Konzentriertes Mit-, Durch- und Nachdenken ist hier gefordert. Zum Beispiel bei der **Faktenparade** (Methode 3): Jeder Teilnehmer fasst in 30 Minuten Vorbereitungszeit ein behandeltes Themenpaket seiner Wahl auf wesentliche Kernpunkte zusammen. Anschließend sind alle Lernenden gefragt, diese zu präsentieren und sich den Fragen der anderen auszusetzen.

Viertes Munterrichtsprinzip

Deutlich wird bei diesem Beispiel: Die Munterrichtsmethoden verlangen auch großen persönlichen Einsatz.

Manchmal protestieren einzelne Teilnehmer, wenn wir eine Aufgabe erklären: »Muss das sein? Kann man das nicht einfacher haben?« Die Zweifel lösen sich jedoch meist noch im Seminarverlauf von selbst auf. Spätestens dann, wenn sich zum Beispiel nach bewältigtem Lampenfieber das gute Gefühl einstellt, etwas geschafft, geknackt – gelernt! – zu haben.

Fünftes Munterrichtsprinzip

Fünftes Munterrichtsprinzip: Es macht Spaß, so zu lernen!

Fünftes Munterrichtsprinzip

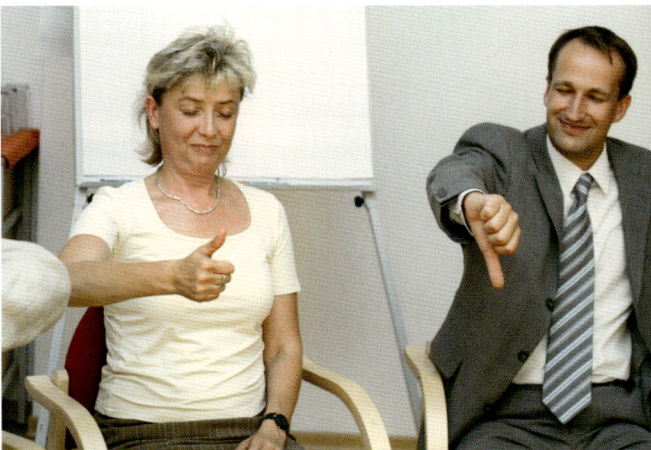

Sechstes Munterrichtsprinzip

Sechstes Munterrichtsprinzip: Der Erfolg hängt vom Einsatz der Lernenden ab

 Frankfurt an der Oder, Montagmorgen, 8:30 Uhr. Zwei gut vorbereitete Dozenten erwarten die Kursteilnehmer zur Produktschulung. Um kurz nach neun sind fast alle Plätze belegt. Es kann losgehen. Mit **Schlüsselfragen** (Methode 9) starten die Dozenten motiviert in den Tag. Nach halbstündiger Anlaufphase sind die Leute gut dabei. Kurz nach zehn betritt eine junge Frau den Raum. Mit gelangweiltem Blick schlurft sie wortlos in die hinterste Reihe. Es ist Bettina. Auch ohne Worte drückt sie eines deutlich aus: »Auf diese Schulung habe ich keinen Bock!«

Na, was denken Sie? Wird es den beiden Dozenten gelingen, Bettina mit den Munterrichtsmethoden zu begeistern? Die Motivation der beiden, ihre Erfahrungen mit lustlosen Teilnehmern und auch die Munterrichtsmethoden können natürlich viel dazu beitragen, Bettina zur Mitarbeit zu gewinnen. Aber letztlich hat es

Bettina selbst in der Hand, ob aus der Produktschulung für sie ein Erfolgskurs wird.

Der Grund dafür findet sich schnell, wenn Sie sich die bislang vorgestellten Prinzipien in Erinnerung rufen: Die Munterrichtsmethoden schreiben den Lernenden eine aktive, verantwortliche Rolle zu. Sie fordern die offensive inhaltliche Auseinandersetzung sowie das persönliche Engagement der Teilnehmer.

Wenn sich also ein guter Lernerfolg einstellt, wenn die vom Trainer gesteckten Ziele erreicht werden, dann ist das zum großen Teil das Verdienst der Lernenden selbst. Von ihnen und ihrem Einsatz hängt ab, was sie aus den angebotenen Munterrichtschancen machen. Die Munterrichtsmethoden an sich sind aus diesem Grund kein alleiniger Erfolgsgarant.

Das aber heißt nicht, dass die gesamte Verantwortung für den Lernerfolg bequem auf die Schultern der Lernenden abgeschoben werden kann. Als Trainer können Sie durch Ihren Stil, Ihre Haltung und Ihren Ton ein Klima schaffen, in dem die Chancen gut stehen, dass auch

Sechstes Munterrichtsprinzip

die Lernenden ihren Teil für den Erfolg beisteuern. Sie können durch die Wahl der passenden Methoden, durch klare und motivierende Anleitung viel dafür dafür tun, dass die Teilnehmer gerne mitlernen und Einsatz zeigen. Aber: Sie können eben nur dazu beitragen.

Ach ja, zum Schluss noch eine Anmerkung zu Ihrem Trost: Bettina konnte dem Charme der Munterrichtsmethoden (und der beiden Dozenten) noch bis elf Uhr standhalten. Dann war auch sie mit zunehmender Begeisterung bei der Sache ...

Siebtes Munterrichtsprinzip: Besondere Lernmethoden fördern die Erinnerung

Eine Akademie in Potsdam. Ausbildungsgang Fachinformatik für Systemadministration. Heute geht es um die Instanz des Oracle Servers. Bereits vor sieben Wochen haben sich die Teilnehmer schon einmal mit dem Oracle-Spezialisten der Akademie an die Geheimnisse des Oracle-Servers herangewagt. Heute ist er wieder dabei. Gleich am Vormittag fragt er nach den 3 Datenbankbereichen des Oracle-Servers. Kurz darauf meldet sich Tom: »Also, das waren doch die, die wir auf den Flipcharts in die Felder eingetragen haben.« Der Dozent nickt aufmunternd. Tom fährt fort: »Es gibt drei Datenbankbereiche: Redo Log-Dateien, die haben Klaus und ich vorgestellt. Dann natürlich Daten-Dateien. Und – daran erinnern wir uns wohl alle noch gut – Kontrolldateien. Die haben Mattes und Paula als Kontrollfreaks präsentiert.«

Es wird unruhig im Raum; mehrere andere Teilnehmer schalten sich ein. Offensichtlich hat Tom eine Flut von Erinnerungen geweckt …

Die Munterrichtsmethode, hier war es **Schema X** (Methode 11), hat Tom und den anderen als zusätzliche Abrufhilfe genützt. Über die Erinnerung, **wie** vor knapp zwei Monaten in den Kleingruppen gearbeitet und anschließend das Ergebnis präsentiert wurde, sind sie – wenn auch auf diesem Umweg – zu den gesuchten Begriffen gelangt.

Wie ist der Erfolg dieses ›Umweges‹ zu erklären? Unser Gehirn speichert nicht nur das, was wir ihm gezielt ›eintrichtern‹ wollen. Nicht nur die Oracle-Datenbankbereiche wurden eingeprägt. Erfasst wurden auch die Wege, auf denen sich die Lernenden die drei bedeutenden Felder aneigneten. Die Chancen, dass die Lernwege als ›Nebenprodukte‹ mitgespeichert und später als Abrufhilfen genutzt werden können, stehen gut, wenn es besondere, merkwürdige Wege sind, die gegangen werden. Die teilweise etwas ›eigenartigen‹ Munterrichtsmethoden sind da natürlich besonders gut geeignet. An sie können wir uns später unter Umständen als Erstes gut erinnern:

Siebtes Munterrichtsprinzip

»Ach ja, das war doch das, was wir so und so gemacht haben … «
Hoffen können wir auf solche Erinnerungen vor allem dann, wenn der Lernweg mit positiven, stark emotionalen Erlebnissen verknüpft ist. Bei den Fachinformatikern zum Beispiel Paulas und Mattes' unvergessliche Präsentation als Kontrollfreaks, die noch nach sieben Wochen allen lebhaft in Erinnerung war.

Solche lerntechnisch lohnenden Nebeneffekte treten allerdings nur ein, solange die Methoden, Wege und Arbeitsformen auch etwas Besonderes sind: Wer mit **Von A bis Z** (Methode 6) das achte Thema in kurzer Zeit bearbeitet, wird die Methode nicht mehr als besonderen Lernweg erinnern.

Mit den Munterrichtsmethoden können Sie also nicht nur für angenehme Abwechslung sorgen. Diese Abwechslung ist auch noch sinnvoll und effektiv, denn sie leistet nebenbei vor allem auch gute Dienste für spätere Abrufhilfe!

Munterrichtsmethoden

Auf den folgenden Seiten erwarten Sie in bunter Reihenfolge die 22 Munterrichtsmethoden. Bevor es mit Nummer 1 – der **Tempo-Thesen-Runde** – losgeht, hier ein paar Hinweise.

Die Methode auf einen Blick:

Zu Beginn jeder Methodenbeschreibung finden Sie in einer Übersicht die wichtigsten Informationen zur Methode: Eine Kurzbeschreibung, Angaben zu Ziel, Material, Dauer und nötiger Vorbereitung bieten Ihnen einen schnellen Überblick. Und sie erleichtern Ihnen die Suche nach der richtigen Methode für eine ganz konkrete Situation. Neben den Basisfakten finden Sie hier auch Hinweise zum Charakter der Methoden. Methode Nummer 1 ist ›belebend‹, ›schwungvoll‹ und ›riskant‹. Na, wenn das nicht spannend wird …

Die Methode unter der Lupe:

Der kurzen Übersicht folgt eine ausführliche Beschreibung der Methode. Hier finden Sie Antworten zu folgenden Fragen:

1 Wie funktioniert die Methode genau?
2 Wie erkläre ich die Methode?
3 Wann kann ich die Methode einsetzen, wann eher nicht?
4 Worauf kommt es besonders an? Was sind die Erfolgsfaktoren?
5 Welche Varianten gibt es noch?

Sollten dennoch Fragen unbeantwortet bleiben, dann senden Sie uns einfach eine Mail: **info@orbium.de**

Die Methode in der Praxis:

»Funktioniert das wirklich?«, »Wenn ja, wie sieht es ganz konkret aus?« Das sind die entscheidenden Fragen an eine gute Methodensammlung. Deshalb stellen wir Ihnen die Munterrichtsmethoden mit vielen ganz realen Beispielen aus dem Seminaralltag vor. Von Methode zu Methode, von Variante zu Variante nimmt das Buch Sie in die Seminarwelt mit. Also, seien Sie nicht überrascht, wenn Sie mit zwölf Sachsen Englisch büffeln, wenn Sie in einer Kriminologievorlesung landen oder bei Bernhard, Jendrik und Bianca im Computerkurs pfiffige Word-Funktionen entdecken. Freuen Sie sich auf vielfältige Seminarpraxis!

Die Methode zum Testen:

Nicht nur die Sachsen, angehende Kriminologen und die drei Computerschüler werden in diesem Buch aktiv. Auch Ihr Einsatz wird an vielen Stellen gefordert: »Sind Sie experimentierfreudig? Haben Sie Lust, die Methode 13 einmal selbst auszuprobieren?« Mit solchen Angeboten können Sie auf den folgenden Seiten immer wieder rechnen. Vielfach haben Sie die Chance, die Methode gleich selbst zu testen und so – aus der Perspektive eines angeleiteten Lernenden – wertvolle Erkenntnisse zu gewinnen: »Komme ich mit der Aufgabenstellung klar?«, »Sehe ich den Sinn der Übung?«, »Behagt mir die Methode?«, »Wie lange brauche ich dafür?«

Sind Sie bereit? Dann geht's jetzt los. Viel Spaß mit den Munterrichtsmethoden!

1 Tempo-Thesen-Runde
belebend • schwungvoll • riskant

Ziel:

Persönliche und kritische Auseinandersetzung mit dem Seminarthema. Diskussionseinstieg.

Kurz beschrieben:

Die Teilnehmer erhalten Thesen und nehmen in einem Kurzvortrag Stellung dazu. Eine Diskussion kann sich anschließen.

Material:

Bunte Karten oder Papier, evtl. Briefumschläge

Dauer:

Vorbereitung: 2, 3 oder 5 Minuten
Vortrag: 90 Sekunden pro Teilnehmer
Diskussion: nach Bedarf

Vorbereitung:

Thesen erfinden, aufschreiben und evtl. verpacken

Bei diesem Namen vermuten Sie schon: Hier geht es zackig zur Sache.

Rund um Ihr Lehrgebiet schreiben Sie auf Karten oder Zettel verschiedene Thesen. Vielleicht stecken Sie die Karten einzeln in Briefumschläge. Dann wird es für die Lernenden noch spannender. Als Beispiel ein paar Thesen zum Thema ›Lampenfieber‹:

»Mit ein wenig persönlichem Aberglauben kann man eine Menge gegen Lampenfieber und Prüfungsangst tun.«

»Die Schule ist eine Brutstätte für Lampenfieber und Prüfungsangst.«

»Lampenfieber lässt sich nicht einfach mit ein paar schlauen Tipps abtrainieren.«

Mischen Sie dabei Aussagen, die bei den Lernenden vermutlich breite Zustimmung finden, mit gewagten, provokanten oder verrückten Thesen wie beispielweise dieser:

»Wenn es kein Lampenfieber gäbe, hätten wir viel zu viele Menschen, die unbedingt vorne oder auf der Bühne stehen wollten. Ein Glück, dass es diese Auswahl gibt.«

Je nach Anzahl der Teilnehmer fordern Sie alle oder nur einige Freiwillige auf, eine verdeckte Karte bzw. einen Umschlag zu ziehen:

»Sie bekommen jetzt jeder eine These zu unserem Thema. Bitte schauen Sie sich diese These an, und denken Sie über die Aussage nach. Nach ein wenig Bedenkzeit werde ich Sie bitten, nach-

1 Tempo-Thesen-Runde

Während die Adrenalinspiegel in der Runde steigen, verteilen Sie die Thesen. Nach der ersten Aufregung bereiten sich die Teilnehmer für ihren kleinen Auftritt vor. Je nach Gruppe geben wir ihnen 2, 3 oder 5 Minuten Zeit zur Vorbereitung. Dann geht es los. Schwungvoll eröffnen Sie die **Tempo-Thesen-Runde**: Vielleicht bitten Sie die Gruppe nach einer kurzen Anmoderation um einen Applaus für den ersten Mutigen. Der erste Teilnehmer tritt vor und erklärt:

»Meine These lautet: ›Lampenfieber lässt sich nicht einfach mit ein paar schlauen Tipps abtrainieren.‹
Ich stimme dieser These einerseits zu. Wie wir gestern beim Vortrag gehört haben, hat Lampenfieber meist viele Ursachen. Zum Beispiel die Angst zu versagen, sich zu blamieren, das Gesicht zu verlieren. Aber auch unangenehme

einander nach vorne zu kommen und uns zunächst die These vorzulesen. Dann bitte ich Sie, Position zu dem von Ihnen gezogenen Satz zu beziehen. Erörtern Sie, wie Sie zu der Aussage stehen und was Sie dazu denken. Gerne können Sie dabei Ihre persönlichen Erfahrungen mit dem Thema ins Spiel bringen. Für Ihr Statement haben Sie nur 90 Sekunden Zeit – wir machen schließlich eine Tempo-Thesen-Runde.«

Erinnerungen an frühere Lampenfie-bererfahrungen spielen eine Rolle. Es handelt sich also um eher tiefer liegende Gründe. Und dann kommt es immer noch auf die jeweilige Tagesverfassung an. Allerdings widerspreche ich der The-se auch. Ich selbst habe schon oft erlebt, dass ganz einfache, schlaue Tipps – wie zum Beispiel eine kurze, letzte Probe mit einem Freund vor dem Auftritt – Wunder wirken können.«

Jetzt folgt der nächste Teilnehmer mit seinem Statement. Sie können aber auch erst einmal in die Runde fragen, wie die anderen Lernenden zu dieser These und der vorgetragenen Position stehen, und zu einer zeitlich begrenzten Diskussion auffordern.

Die **Tempo-Thesen-Runde** passt für jedes Thema, über das man kontrovers diskutieren kann.

Bei der Methode können die Lernen-den ganz schön ins Schwitzen kommen. Sie eignet sich daher für Gruppen, die miteinander, mit dem Thema, der Lern-situation und mit Ihnen als Trainer schon ein wenig vertraut sind.

Für Lernende, bei denen die Instru-mente dieser Methode – Zeitdruck und freier Vortrag – deutliches Unbehagen auslösen, können Sie die **Tempo-Thesen-Runde** etwas ›entschärfen‹, indem Sie jeweils 2 oder 3 Teilnehmer gemeinsam eine These bearbeiten und vorstellen lassen. Dann jedoch müssen Sie den Teams min-destens 5 Minuten Vorbereitungszeit geben.

Wir setzen die Methode gerne ein, um lange Seminartage zu beleben. Das gelingt gut, wenn wir die Aufgabe schwungvoll anleiten, und sie für die Teilnehmer mit einem gewissen Nerven-kitzel verbunden ist.

Die **Tempo-Thesen-Runde** eignet sich aber nicht nur für diese Zwecke gut, sondern auch, um die Teilnehmer zu einer persönlichen und differenzierten Auseinandersetzung mit einem Thema anzuregen und weitere Diskussionen vor-zubereiten.

1 Tempo-Thesen-Runde

belebend • schwungvoll • riskant

Haben Sie Lust auf eine kleine Kostprobe? Dann entscheiden Sie sich, bevor Sie umblättern, für eine Zahl zwischen 1 und 5.

Stellen Sie sich vor, wir wären gemeinsam im Lehrmethodenworkshop, und als Nächstes stünde eine **Tempo-Thesen-Runde** an. Die Spielregeln werden gleich noch einmal kurz erklärt, und dann erhalten Sie die These, zu der Sie Position beziehen sollen. Sie finden Ihre These auf der nächsten Seite unter Ihrer eben gewählten Nummer.
Los geht's!

1 Tempo-Thesen-Runde

belebend • schwungvoll • riskant

Tempo-Thesen-Testrunde

Ganz egal, ob Sie gerade am Schreibtisch, in der U-Bahn, Hängematte oder im Freibad sitzen: Bitte tun Sie einfach mal so, als ob jetzt Ihr Beitrag zur **Tempo-Thesen-Runde** gefordert wäre. Bereiten Sie sich etwa 2 Minuten lang konzentriert vor, und nehmen Sie dann 90 Sekunden lang in einem kleinen Selbstgespräch Stellung dazu – laut oder leise. Viel Spaß! Nur schade, dass wir Ihren Beitrag jetzt nicht hören können.

3
»Bei wirklich abstrakten und herausfordernden Sachverhalten kommen die meisten Lehrmethoden an ihre Grenzen!«

1 »Bei Lerngruppen mit mehr als 35 Personen wird die Luft lehrmethodisch dünn.
Man kann nur wenig machen, da alles zu lange dauert und Lehren mit aktivierenden Methoden dann allein schon organisatorisch einfach unmöglich ist!«

4
»Durch Lesen allein lernt man noch gar nichts!«

2
»Die meisten Trainer mit ihrem Methodenzauber wollen nur darüber hinwegtäuschen, dass sie nicht richtig im Thema stehen!«

5
»Methodenreicher Unterricht verhindert Ermüdung und fördert die Konzentration der Lernenden!«

2 Brillenträgervotum

Ziel:

Interesse und Aufmerksamkeit auf zentrale Fragen lenken.

Kurz beschrieben:

Bestimmte Teilnehmergruppen (z. B. Brillenträger, Schwaben …) werden überraschend aufgefordert, zu einer zentralen Frage Stellung zu beziehen.

Material:

Keines

Dauer:

3 bis 5 Minuten pro Frage

Vorbereitung:

Klare Fragen formulieren und Attribute zur Teilgruppenauswahl ausdenken

Haben Sie das auch schon erlebt? Sie referieren in einem Seminar oder einer Vorlesung. Immer wieder versuchen Sie, den Lernenden den Ball zuzuspielen. In einem Politikkurs zum Beispiel mit dieser Frage:

»Regelmäßig wurde in den letzten Jahren eine Direktwahl des Bundespräsidenten durch die Bundesbürger diskutiert. Wie stehen Sie dazu?«

Auf Ihre Fragen und Einladungen zur Diskussion ernten Sie jedoch nur müdes Schweigen. Es scheint, als fühlte sich niemand von Ihren Angeboten und

Aufforderungen angesprochen. Nach peinlicher Stille sind es immer wieder dieselben, die sich schließlich ›erbarmen‹ und zu Wort melden. Was in den Köpfen der anderen vorgeht, bleibt im Verborgenen.

Warum fallen Reaktionen so spärlich aus? Trauen sich die Teilnehmer nicht, ihre Vermutungen oder Überzeugungen zu äußern? Fehlt ihnen der persönliche und aktuelle Bezug zum Thema, oder haben sie ganz einfach keine Lust, sich aufzuraffen? Möglich ist auch, dass sich die Lernenden bei Ihren Fragestellungen, die an alle 20 oder 30 Teilnehmer im Raum gerichtet sind, einfach nicht direkt genug gemeint fühlen – die Mitverantwortung für das Geschehen im Raum ist durch 20 oder 30 geteilt.

Aus welchem Grund auch immer die Beteiligung der Gruppe so gering ist – bei manchen Schlüsselfragen wünschen Sie sich die aktive Mitarbeit möglichst aller: In Form eines Beitrages, eines Votums oder eines Statements.

Die Idee des Brillenträgervotums: Sie sprechen wenige Lernende ganz gezielt an, zum Beispiel so:

»In den vergangenen Jahren wurde wiederholt diskutiert, ob der deutsche

2 Brillenträgervotum

Bundespräsident anstatt durch die Bundesversammlung direkt von den Bürgern gewählt werden sollte. Wie stehen Sie zu einer Direktwahl des Bundespräsidenten? Ich wünsche mir ein Votum von allen Brillenträgern in unserer Runde.«

»Oho! Was ist das?«, fragen sich die überraschten Teilnehmer und erkennen: »Wenn ich meine Brille aufhabe, bin ich gleich dran!«

Richtig, denn jetzt sind die 3, 5 oder 7 anwesenden Brillenträger nach ihrer Meinung gefragt.

»Sie sind Brillenträger«,

sprechen Sie einen ersten Teilnehmer an,

»was denken Sie über die Frage der Direktwahl?«

Reihum holen Sie die Beiträge der Brillenträger ein.

»Aber was hat die Präsidentenwahl eigentlich mit Brillen zu tun?«, grübeln die Lernenden ganz berechtigt. Einen direkten Zusammenhang gibt es in diesem Beispiel nicht; es geht lediglich darum, eine mehr oder weniger zufällige Teilgruppe des Kurses auszuwählen.

Natürlich können Sie sich auch pfiffige Attribute ausdenken, die zum Thema einen (möglichst nicht zu ernsten) Bezug haben. Aber im Grunde können Sie jede beliebige Gruppe unter den Lernenden ansprechen. Zum Beispiel:

• Was sagen die Frauen dazu, was die Männer?
• Wie urteilen die Friesen, wie die Schwaben und wie die Berliner?
• Welche Meinung haben die Studenten mit Nebenfach Geschichte, was sagen die Leute mit Nebenfach Geographie?
• Wie würden die Angestellten, wie die Freiberufler entscheiden?
• Was sagen die Menschen, in deren Nachnamen ein ›m‹ vorkommt?

Wir setzen das **Brillenträgervotum** gerne dann ein, wenn wir die Aufmerksamkeit möglichst vieler Teilnehmer ohne großen Aufwand auf eine zentrale Frage lenken wollen; wenn wir der Frage und ihren Antworten – wie im Theater mit Gong und Vorhang – einen guten ›Auftritt‹ bereiten wollen.

2 Brillenträgervotum

3 Faktenparade

Ziel:

Jeder Teilnehmer setzt sich mit einem Teilthema intensiv auseinander.

Behandelten Lernstoff wiederholen und festigen.

Kurz beschrieben:

Jeder Teilnehmer fasst zu einem behandelten Thema seiner Wahl wichtige Kerninformationen auf einer Folie zusammen und präsentiert sie. Eine Frage- und Diskussionsrunde schließt sich an.

Material:

Overheadprojektor, Folien, Folienschreiber (oder Flipchartpapier und Flipchartstifte)

Dauer:

Vorbereitung: 30 Minuten
Parade und Fragen: 5 bis 10 Minuten pro Teilnehmer

Vorbereitung:

Die Aufgabenstellung gut vorformulieren, da sie etwas komplexer ist

Ein Dienstagmorgen im Dezember. Winterliche Stimmung in Berlin. An einer Berliner Fachhochschule trudeln die Studierenden kurz nach 8 Uhr im Seminarraum zum Kurs ›Rechnungswesen 1‹ ein. Die Dozentin begrüßt die müden Menschen:

»Guten Morgen! Herzlich willkommen zu unserer heutigen Veranstaltung.

Heute ist ein besonderer Tag. Die erste Hälfte des Semesters liegt hinter uns, die zweite noch vor uns. Wir feiern heute Bergfest! Bevor wir mit großen Schritten auf die Semesterferien zurasen, möchte ich mit Ihnen in einer großen Faktenparade das an uns vorbeiziehen lassen, was Sie bereits auf unserem steilen Weg in die Höhen und Tiefen des Rechnungswesens erarbeitet haben. Sind Sie bereit?«

Die frühmorgendlichen Reaktionen sind verhalten. Die jungen Damen und Herren ahnen schon, dass gleich ihr Einsatz gefordert wird. Munter erklärt die Dozentin:

»In den zurückliegenden 7 Wochen haben wir hier eine Menge bearbeitet. Bitte picken Sie sich aus der Bandbreite unserer Themen eine Sache heraus. Ihre Aufgabe: Sie stellen uns wichtige Aspekte des gewählten Themas nachher bei der Faktenparade vor.«

3 Faktenparade

Am Overheadprojektor zeigt die Dozentin an einer Beispielfolie, wie das Schema aussehen könnte:

»Zur Vorbereitung der Faktenparade haben Sie 30 Minuten Zeit. Sie erhalten jeder eine Folie und Folienschreiber. Bitte notieren Sie auf der Folie die wichtigsten Kernaussagen Ihres Wahlthemas. Sie können die Aussagen in einer Aufzählung, einer Tabelle, einer Skizze, einem Mindmap oder auch in einem Bild darstellen. Wichtig ist, dass Sie Ihr Thema in der Überschrift klar benennen und die wesentlichen Hauptinformationen visualisieren. In 30 Minuten beginnt unsere Faktenparade. Dann stellen Sie uns Ihr Thema kurz und knackig vor. Ungefähr 3 Minuten lang erklären Sie uns Ihren Sachverhalt – und wir anderen können Fragen an Sie als Experten stellen. Alles klar?«

Ein Raunen geht durch den Raum. Während die ersten Teilnehmer sich mit Folien und Stiften eindecken und erste Entwürfe auf Papier machen, beginnen andere in den Kursunterlagen zu blättern. Ein paar Teilnehmer blicken unentschlossen in die Runde. Die Aufgabe ist gar nicht so einfach. Denn jetzt gilt es zu überlegen:

- Was haben wir hier eigentlich schon gelernt?
- Welches wäre ein Thema für mich?

- Wo kenne ich mich gut aus?
- Wo will und kann ich mich in 30 Minuten noch mal fit machen?
- Was sind die wichtigsten Aussagen des gewählten Themas?
- Wie stelle ich sie übersichtlich dar?
- Wie erkläre ich das Ganze verständlich?

Einige Teilnehmer brauchen bei der Vorbereitung ihres Beitrages zur **Faktenparade** ein wenig Starthilfe. Sie erklären auf der Suche nach einem möglichen Thema:

»Ich weiß gar nicht, was ich nehmen soll. Ich kann mich an nichts konkret erinnern. Ich kann doch jetzt nicht die ganzen Unterlagen durchsehen.«

Wir haben schon Menschen erlebt, die fest davon überzeugt waren, ›nichts gelernt‹ zu haben und daher auch nichts vorstellen zu können. Wir fragen dann nach:

»Erinnern Sie sich an letzte Woche? Wissen Sie, worum es da ging?«

Mit ein paar ermunternden Erinnerungsfragen gelingt es meist, den Suchenden auf die Sprünge zu helfen. Für sie ist die **Faktenparade** eine gute – wenn auch durchaus anstrengende – Übung. Sie zeigt ihnen zunächst einmal, dass der Lernstoff der Vorlesung oder des Seminars bisher eher müde an ihnen vorbeigezogen und im Geist wenig bis kaum präsent ist.

Auch eine andere Teilnehmergruppe ist bei der Vorbereitung der **Faktenparade** besonders herausgefordert: Den Perfektionisten im Kurs fällt es schwer, sich auf ein kleines Themengebiet zu beschränken und es auf die Schnelle in wenigen Worten zusammenzufassen. Sie zweifeln häufig daran, ob ihr Beitrag den gestellten Anforderungen gerecht wird und möchten unter Umständen noch mindestens eine weitere Folie beschreiben.

Trotz aller Anlaufschwierigkeiten: Bisher ist es noch immer allen unseren Teilnehmern gelungen, einen Beitrag für die **Faktenparade** zu liefern. Hier ein erstes Beispiel: Stefanie studiert BWL, sie eröffnet die **Faktenparade**.

»O. K. Ich habe mich mit den Unterschieden von externem und internem Rechnungswesen befasst. Das war eines unserer ersten Themen. Inzwischen ist uns das schon recht geläufig. Ich habe noch mal die wichtigsten Unterschiede in einer Tabelle aufgeführt.« Sie legt ihre Folie auf.

»Also. Externes und internes Rechnungswesen. Hier oben seht ihr die unterschiedlichen Adressaten. Das externe Rechnungswesen ist auf Personen und Institutionen außerhalb des Unternehmens gerichtet: zum Beispiel Banken, Staat, Lieferanten. Oder eben auch Gesellschafter. Die alle wollen Informationen über die Vermögens- und Ertragslage. Das interne Rechnungswesen richtet sich an Adressaten innerhalb des Unternehmens. Vor allem die Unternehmensführung interessiert, wie hoch die Kosten sind und wie effizient das Unternehmen wirtschaftet. In der zweiten Zeile habe ich aufgeführt, welche rechtlichen Vorschriften zu

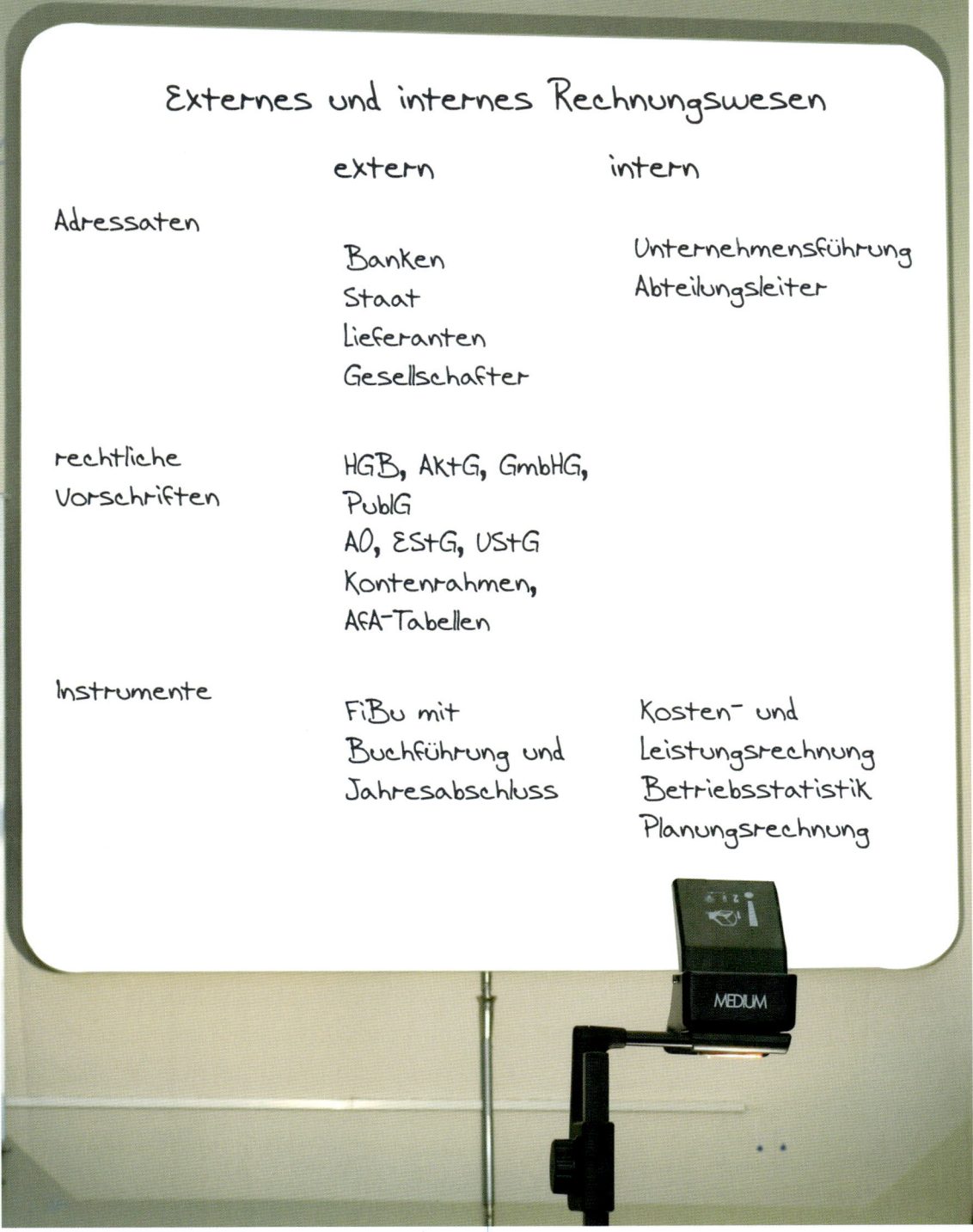

Externes und internes Rechnungswesen

	extern	intern
Adressaten	Banken Staat Lieferanten Gesellschafter	Unternehmensführung Abteilungsleiter
rechtliche Vorschriften	HGB, AktG, GmbHG, PublG AO, EStG, UStG Kontenrahmen, AfA-Tabellen	
Instrumente	FiBu mit Buchführung und Jahresabschluss	Kosten- und Leistungsrechnung Betriebsstatistik Planungsrechnung

3 Faktenparade

beachten sind. Beim externen Rechnungswesen sind das wesentlich mehr. Hier gelten handelsrechtliche Vorschriften wie das Handelsgesetzbuch, das Aktiengesetz, das GmbH-Gesetz und auch das Publizitätsgesetz. Dann habe ich steuerrechtliche Vorschriften aufgeschrieben: die Abgabenordnung, das Einkommensteuergesetz und das Umsatzsteuergesetz. Und es gibt noch sonstige Vorschriften wie Kontenrahmen oder AfA-Tabellen. Ganz leer sieht es hier beim internen Rechnungswesen aus. Hier gibt es keine gesetzlichen Vorschriften, die unbedingt einzuhalten sind. Es gibt eher Methoden und Instrumente, auf die komme ich jetzt noch: Beim internen Rechnungswesen sind die wichtigsten Instrumente die Kosten- und Leistungsrechnung, die Betriebsstatistik zum Vergleich und die Planungsrechnung mit Blick auf die zukünftige Entwicklung. Ja, und das wichtigste Instrument des externen Rechnungswesens ist die Finanzbuchhaltung mit den Bereichen Buchführung und Erstellung des Jahresabschlusses. Genau damit haben wir uns ja am meisten befasst. So, das war's dann von mir.
Habt ihr noch Fragen?«

Nach kurzem Applaus beginnt nun eine kleine Frage- und Diskussionsrunde. Ziel dabei ist, miteinander über den vorgestellten Stoff ins Gespräch zu kommen. Es geht nicht darum, die Vortragenden mit kniffligen Fragen bloßzustellen oder in die Pfanne zu hauen. Die eigentliche Herausforderung liegt jetzt bei den anderen Teilnehmern: Sie sind gefordert, kluge und beantwortbare Fragen zu formulieren, die dazu anregen, über das jeweilige Thema weiter nachzudenken und zu diskutieren.

Das fällt vielen Lernenden anfangs schwer. Auf Stefanies Einladung, Fragen zu stellen, folgt beispielsweise betretenes Schweigen. »Es wurde doch alles gesagt, was kann man da noch fragen«, denken sich die Teilnehmer vielleicht. Um sie auf den Geschmack lehrreicher Fragen zu bringen, schieben

3 Faktenparade

wir zwischen den einzelnen Beiträgen der **Faktenparade** gerne mal das Kartoffelexperiment ein. Die Idee dazu lieferte Wolfgang Memmert.

Star des Experiments ist eine gewöhnliche Speisekartoffel. Auf Karten erhalten die Teilnehmer (einzeln, in Paaren oder in Gruppen) die Aufgabe, aus einer bestimmten Perspektive eine oder mehrere Fragen an die Kartoffel zu richten.

Probieren Sie es einfach selbst aus. Es ist überraschend, wie viele unterschiedliche Fragen sich finden lassen.

Aus historischer Sicht
   Liebe Kartoffel, wer hat dich entdeckt?
   Sag, Kartoffel, wann wurdest du entdeckt?
Aus chemischer Sicht
   Sprich Kartoffel, woraus bestehst du?
Aus betriebswirtschaftlicher Sicht
   Hi Kartoffel, …
Aus mathematischer Sicht
   Salüt, Kartoffel, …
Aus kulinarischer Sicht
   Sehr geehrte Kartoffel, …
Aus physikalischer Sicht
   Moin, Moin, Kartoffel, …
Aus medizinischer Sicht
   Servus, Kartoffel, …
Aus juristischer Sicht
   Hey Kartoffel, …

anspruchsvoll • genau • intensiv

Mit dem Kartoffelexperiment und etwas Übung gelingt es den Lernenden in der Regel, den Vortragenden aus verschiedenen Blickwinkeln zu befragen.

Vielleicht fragen Sie sich, ob sich auch Ihr Fachthema für eine **Faktenparade** mit Fragerunde eignet, oder ob die Komplexität, Sachlichkeit oder andere Eigenheiten Ihres Themas der Methode im Wege stehen. Im Laufe der Jahre haben wir die **Faktenparade** für Themen aus verschiedensten Lehrgebieten eingesetzt. Noch haben wir kein Stoffgebiet gefunden, aus dem sich nicht kleine Portionen präsentieren und diskutieren ließen.

Auf eine Gefahr der **Faktenparade** wollen wir hinweisen: Es kann passieren, dass die Lernenden Inhalte bei ihrer Vorstellung nicht ganz korrekt, unvollständig oder sogar falsch präsentieren. Wir erleben das immer wieder. Meist merken die Vortragenden dies aber selbst und erklären, an welchen Stellen sie sich nicht ganz sicher sind. Dann können die anderen Teilnehmer meist ergänzen und korrigieren. Gelingt das nicht, schalten wir uns ein und klären auf. Die **Faktenparade** hat dann ans Licht gebracht, wo einzelne oder mehrere Teilnehmer noch unsicher sind.

Hauptziel der **Faktenparade** ist, dass sich die Lernenden mit einzelnen Aspekten aus dem Stoffgebiet intensiv befassen. Dies tun sie, indem sie sich ein Thema auswählen, die wichtigsten Aspekte auf der Folie zusammenstellen, ihre Gedanken vortragen, Fragen stellen und beantworten. Ein Teilnehmer erklärte am Ende einer **Faktenparade**:

»Das hätte meinem Opa gefallen. Der hat immer gesagt: Einmal gelehrt, zweimal gelernt.«

Ein kluger Opa!

Und hier eine Variante: Blitzparade

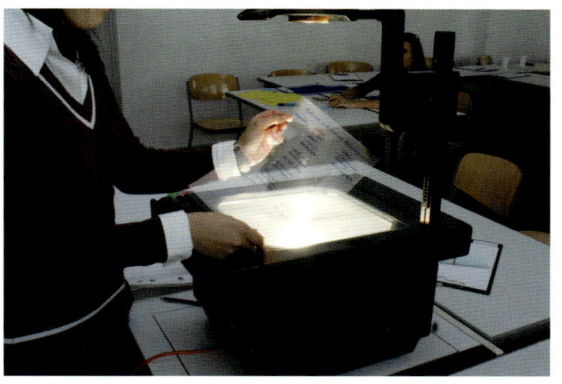

Alle Teilnehmer haben ihr Thema vorgestellt. Die **Faktenparade** ist eigentlich zu Ende. Sie sammeln die beschrifteten Folien ein, mischen die Werke und überraschen die Lernenden, indem Sie die alten Folien an neue Eigentümer verteilen. Neue Runde, neues Glück: Nun gilt es, die ›fremde‹ Folie in einer zweiten Blitzparade zu präsentieren. Was die Teilnehmer zuvor gehört haben, stellen sie nun selbst vor. Zur Vorbereitung geben wir den überraschten Lernenden ein paar Minuten Denkzeit. Bei ganz schwierigen Themen können sie sich in einem Gespräch mit dem Autor über die Inhalte auf der Folie informieren. Dann geht's los. Die Blitzparade setzen wir gerne ein, wenn wir Prüfungskandidaten vorbereiten. Ziel ist, mit dem Stoff zunehmend vertrauter und sicherer zu werden.

4 Weiter nach rechts

effizient • schnell • aufschlussreich

Ziel:

Bearbeitete Inhalte kurz festigen und auffrischen.

Kurz beschrieben:

Jeder Teilnehmer notiert auf einer Karte einen Aspekt einer vorangegangenen Seminareinheit. Auf Kommando geben alle Lernenden ihre Karten an ihren Nachbarn weiter nach rechts. Die Informationen auf der Karte werden nun von den neuen Besitzern kurz vorgestellt und kommentiert.

Material:

Karten und Stifte für alle Teilnehmer

Dauer:

Bei 10 Teilnehmern mindestens 10 Minuten

Vorbereitung:

Keine

Seminartreffens zu erinnern und diese in ein paar Stichworten auf eine Moderationskarte zu schreiben oder zu skizzieren.

Eine wohlbekannte Möglichkeit ist, nun jeden Teilnehmer zu bitten, seine Erinnerung kurz vorzustellen. So werden in wenigen Minuten viele behandelte Aspekte kurz wiederholt. Gleichzeitig sehen Sie, was den Teilnehmern in Ihrem Seminar wichtig erschien, was ›hängen blieb‹.

Sie wünschen sich, dass sich alle oder möglichst viele Lernende an einer Einstiegs-, Wiederholungs- oder Schlussrunde beteiligen? **Weiter nach rechts** ist eine schöne Methode, die alle Teilnehmer einbindet und zum Mitdenken auffordert.

So funktioniert's z. B. für eine schnelle Wiederholungsrunde: Bitten Sie die Teilnehmer, sich an eine Erkenntnis oder eine Erfahrung des letzten

Weiter nach rechts macht die Wiederholung noch ein wenig interessanter. Bitten Sie die Teilnehmer, ihre eigene Karte an den rechten Nachbarn weiterzugeben. Nachdem alle Karten nach rechts weitergewandert sind, hält jeder Teilnehmer eine fremde Karte in der Hand. Sie erklären, wie es weitergeht:

»Bitte schauen Sie sich die Informationen auf Ihrer neuen Karte an. Überlegen

4 Weiter nach rechts

Sie, was Ihr Nachbar damit wohl meinte. Stellen Sie uns die Stichworte auf der Karte vor, und erklären Sie, was Sie mit diesen Informationen verbinden.«

Nun wird es spannend. Robert zum Beispiel hat von Ursula im Marketingseminar folgende Karte bekommen:

Nach kurzer Überlegung erklärt er. »Auf Ursulas Karte waren drei Stichworte: ›USP, Boston Matrix und Cashcow‹. USP, das ist englisch und bedeutet: Unique Selling Proposition, und das heißt übersetzt: Alleinstellungsmerkmal. Wenn ich als Firma mein Alleinstellungsmerkmal nicht klar genug herauskristallisiere, kann ich mich von der Konkurrenz nicht gut genug abheben. Dann wird es schwierig, mich am Markt durchzusetzen. Das zweite Stichwort war Boston Matrix. Ich weiß noch, dass das den Lebenszyklus von Produkten be-

schreibt. Es gibt vier Felder, eines davon ist die Cashcow, die anderen weiß ich nicht mehr.«

Manche Teilnehmer können zu den Stichworten oder dem Halbsatz auf ihrer Karte ganz munter berichten; für andere wird es ein wenig aufregender, weil ihnen die Informationen auf der Karte nichts oder wenig sagen. In jedem Fall können Sie als Seminarleiter beim Autor noch einmal kurz nachhaken:

»War es das, woran Sie sich erinnert haben, was Ihnen wichtig war?«

Für große Gruppen lässt sich **Weiter nach rechts** leicht variieren: Bilden Sie Paare, und bitten Sie diese, sich auf eine gemeinsame Erinnerung zu einigen und sie an ihr rechtes Nachbarpaar weiterzugeben. Auf diese Weise werden nur halb so viele Erinnerungen vorgestellt.

5 Blinde Entscheidung

spannend • gefährlich • direkt

Ziel:

Zentrale Ja-/Nein-Fragen von allen Teilnehmern entscheiden lassen.

Kurz beschrieben:

Bei geschlossenen Augen entscheiden alle Teilnehmer mit ihren Daumen über eine wichtige Frage. Für ›Ja‹ halten sie den Daumen nach oben, für ›Nein‹ nach unten. Anschließend begründen sie ihre Entscheidung. Eine Diskussion kann folgen.

Material:

Keines

Dauer:

Erklärung: 2 Minuten
Entscheidung: 1 Minute
Diskussion: 5 bis 10 Minuten

Vorbereitung:

Entscheidungsfrage klar formulieren

Mit einer sogenannten **Blinden Entscheidung** können Sie die Aufmerksamkeit der Lernenden auf eine besonders wichtige Frage lenken. Mit dieser ungewöhnlichen Methode ist jede einzelne Person angesprochen und zum Mitmachen aufgefordert. Zunächst weihen Sie die Lernenden in das Vorgehen ein:

»Ich werde Ihnen gleich eine für unser Thema wesentliche Frage stellen. Bei dieser besonderen Frage gilt auch eine besondere Spielregel für das Antworten.

Und zwar diese: Sie haben zwei Möglichkeiten: Entweder antworten Sie mit ›Ja‹, dann halten Sie Ihren Daumen nach oben; oder mit ›Nein‹, dann halten Sie Ihren Daumen nach unten. Haben Sie die Spielregel verstanden?«

Wenn nun alle Daumen nach oben gehen, können Sie fortfahren:

»Nachdem die Regel für alle klar ist, können Sie es sich jetzt ganz gemütlich machen. Lehnen Sie sich zurück, strecken Sie die Beine aus, und machen Sie es sich so bequem wie möglich. Ich bitte Sie nun, Ihre Augen zu schließen – es wird Ihnen nichts Unangenehmes passieren. Gleich kommt die Frage. Bitte stimmen Sie mit Ihrem Daumen deutlich ab, und halten Sie Ihr Votum so lange aufrecht, bis ich Bescheid gebe.«

Wenn alle Formfragen geklärt sind, kommt Ihre Frage. Zum Beispiel in einem Seminar über Teamentwicklung:

5 Blinde Entscheidung

spannend • gefährlich • direkt

»Sind wir – die in diesem Raum versammelten 9 Personen – ein Team? Ja oder nein?«

Oder in einem Seminar zur politischen Bildung:

»Sollten Ihrer Meinung nach junge Menschen schon mit 16 den Bundestag wählen dürfen? Ja oder nein?«

Geeignet sind Fragen, die in der Regel nicht eindeutig falsch bzw. richtig beantwortet werden können. Die spannendsten Denk- und Diskussionsprozesse lösen Fragen aus, die man gewöhnlich am liebsten mit ›Jein‹ beantworten möchte, bei denen man hin- und hergerissen ist.

Wenn alle Lernenden mit ihrem Daumen abgestimmt haben, bitten Sie die Teilnehmer, die Daumen weiter zu halten und die Augen zu öffnen. Nun wird es spannend. Wie haben sich die anderen entschieden?

Sie können die Gruppe nun bitten, sich neu zu platzieren. Auf einer Seite diejenigen, die mit ›Ja‹, auf der anderen Seite jene, die mit ›Nein‹ gestimmt haben. Sie können in die Runde fragen:

»Sie haben mit ›Ja‹ geantwortet. Was hat Sie dazu bewogen?«

Häufig ist die **Blinde Entscheidung** der Start einer lebhaften Diskussion, bei der alle Lernenden durch ihre Entscheidung beteiligt sind und persönlich Stellung bezogen haben. Das Gespräch wird von Ihnen moderiert, während die Gruppe Pro- und Kontra-Argumente sammelt und diskutiert.

6 Von A bis Z

Ziel:

Lernstoff wiederholen. Wichtige Begriffe sammeln, Brainstorming.

Kurz beschrieben:

Einzeln oder in Teams tragen die Teilnehmer zu einem Seminarthema wichtige Fachbegriffe zusammen. Ihre Aufgabe ist es, zu möglichst allen 26 Buchstaben des Alphabets Stichworte zum Thema zu finden.

Material:

Flipchartbögen, Folien oder Packpapier, entsprechende Stifte

Dauer:

10 bis 15 Minuten

Vorbereitung:

1 Alphabet je Arbeitsgruppe

Von A bis Z eignet sich zum Abschluss einer Seminarsequenz oder als Wiederholung zu Beginn der folgenden. Aber auch als Start in ein neues Thema kann die Methode dienen. In der Ausbildung von Gas- und Wasserinstallateuren funktioniert sie zum Beispiel so:

»Zum Finale unseres Themas ›Haustechnik‹ möchte ich Ihren Geist noch einmal in Bewegung bringen. Jedes der eben gebildeten Teams erhält einen Flipchartbogen. Sie finden darauf die 26 Buchstaben des Alphabets. Ihre Aufga-be ist es, zu möglichst allen Buchstaben einen Begriff aus dem Gebiet ›Haustechnik‹ zu finden. Durchforsten Sie Ihr Wissensnetz! Und weil ich Sie bereits als sportliche Gruppe erlebt habe, machen wir es heute spannend. Wir machen einen Wettbewerb! Das Team, das zuerst alle 26 Wörter gefunden hat, ruft laut und deutlich »Stopp, wir haben gewonnen« und bekommt von den anderen Teams einen anerkennenden Applaus. Alles klar? Los geht's!«

Folgende A-bis-Z-Liste kreierte eines der Teams:

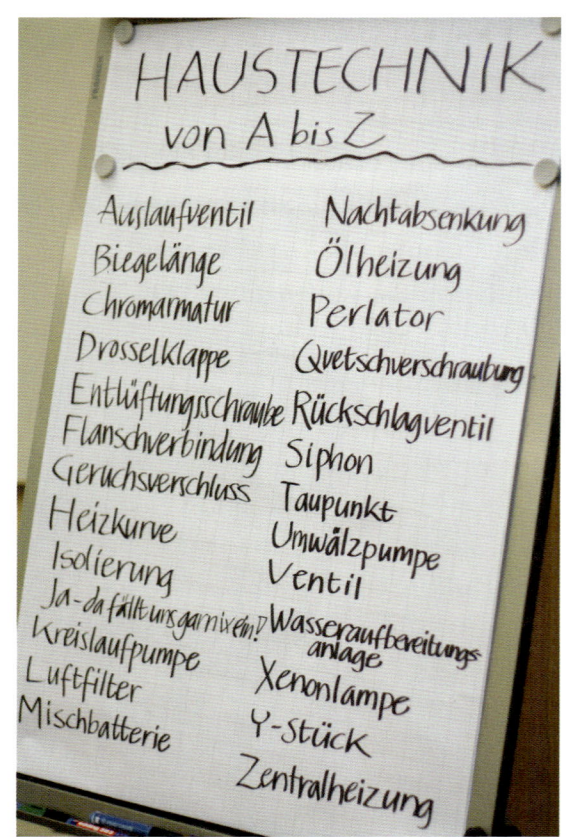

HAUSTECHNIK von A bis Z

Auslaufventil
Biegelänge
Chromarmatur
Drosselklappe
Entlüftungsschraube
Flanschverbindung
Geruchsverschluss
Heizkurve
Isolierung
Ja - da fällt uns gar nix ein?
Kreislaufpumpe
Luftfilter
Mischbatterie

Nachtabsenkung
Ölheizung
Perlator
Quetschverschraubung
Rückschlagventil
Siphon
Taupunkt
Umwälzpumpe
Ventil
Wasseraufbereitungsanlage
Xenonlampe
Y-Stück
Zentralheizung

Zeitdruck und Wettbewerbs-orientierung machen die Aufgaben für viele Lernende - aber nicht für alle - aufregend. Mehr über die Wirkung verschiedener Lernmotivatoren finden Sie im Buch »Lernlust statt Paukfrust«.

Ganz wichtig: Ermuntern Sie die Lernenden, die Aufgabe durchaus kreativ anzupacken. So wie die Azubis beim J.

Das Gerüst dieser Methode ermuntert dazu, unsere gewohnten Denkstrukturen ein wenig zu verlassen. Erinnert wird weniger nach der Chronologie des Seminars oder entsprechend dem Aufbau eines Lehrbuchs – das Wissensnetz wird vielmehr anhand der vollkommen zufälligen Vorgabe der Anfangsbuchstaben durchsucht. Das weckt bei den meisten Menschen viel Kreativität.

Im Anschluss stellen die Gruppen ihre Lösungen vor.

Gerade bei Wiederholungen bietet sich die Präsentation auch in Form einer kleinen Ausstellung an, bei der die Teilnehmer an den verschiedenen Plakaten vorbeigehen und bei Bedarf nachfragen.

Von A bis Z lässt sich vielfach variieren und der jeweiligen Lernsituation anpassen. Zum Beispiel so: Gesammelt wird nicht in Teams, sondern in Partnerarbeit ganz unkompliziert direkt am Platz.

Die Gruppe trägt ihre Ideen auf einer Folie ein, die sie später mit dem Overheadprojektor vorstellt. Ein Tipp: Statt große Bögen zu beschriften, können Sie Folien oder A4-Bögen einfach von einem Original kopieren und immer vorrätig halten.

Damit es schneller geht (wobei die Methode in der Regel gar nicht viel Zeit verbraucht), kann man den Teilnehmergruppen jeweils verschiedene Unterbereiche des Alphabets aufgeben, nicht alle 26 Buchstaben.

Und noch eine Variante: Anstelle des Alphabets erhalten die Lernenden als Ausgangssituation einen oder mehrere Schlüsselbegriffe aus dem Seminar. Ähnlich einem Kreuzworträtsel haben sie die Aufgabe, von diesem Wort aus assoziativ in alle Richtungen Begriffe anzufügen, die inhaltlich zu dem entsprechenden Themenfeld gehören. Das Bild zeigt das Ergebnis der Gas- und Wasserinstallateure.

7 Schwärzen

Ziel:

Texte konzentriert lesen, wichtige Informationen aus Texten herausarbeiten.

Kurz beschrieben:

Die Teilnehmer lesen Texte und haben die Aufgabe, alle Informationen, die ihnen nicht wichtig erscheinen, mit einem schwarzen Filzstift wegzustreichen. Anschließender Austausch und Diskussion.

Material:

Schwarze Filzstifte und Kopien der Texte für alle Teilnehmer

Dauer:

Schwärzen: 10 bis 15 Minuten (je nach Kürze des Textes)
Diskussion: ca. 10 Minuten

Vorbereitung:

Text finden, Schwärzen zur Probe

Schwärzen ist eine ungewöhnliche Lesetechnik mit dem Ziel, wichtige Inhalte aus kurzen Texten herauszuarbeiten. Üblicherweise wird das Wichtige hell markiert. Hier geht es so:

»Vor Ihnen liegt der kurze Text mit dem Titel ›Ressourcen – Wasser wird immer knapper. Wir müssen Wasser sparen‹. Ich bitte Sie, diesen Text zu lesen. Ihre Aufgabe dabei ist, die Informationen, die Ihnen wichtig erscheinen, herauszustellen.

Bitte gehen Sie folgendermaßen vor: Sie erhalten gleich einen schwarzen Filzstift. Schwärzen Sie alle Passagen des Textes, die Sie für unwesentlich halten. Sparen Sie nicht an der Tinte – sparen Sie vielmehr an den Informationen, die Sie aus dem Text herausschälen und mit denen wir anschließend weiterarbeiten werden.«

Probieren Sie es an dieser Stelle einfach selbst mal aus. Schnappen Sie sich einen Filzstift, Edding oder Flipchartmarker – wichtig ist, dass Sie damit satt und flächig schwärzen können! – und schwärzen Sie. Um den Text brauchen Sie sich nicht zu sorgen. Wir haben vorgesorgt. Im Anschluss finden Sie ihn unversehrt noch einmal. Los geht's!

Ressourcen

Wasser wird immer knapper. Wir müssen Wasser sparen.

Die Fakten:

Für Deutschland ist das eine gewagte Behauptung. Die Umweltwissenschaftler Hans Jürgen Leist und Georgios Magoulas von der Universität Hannover haben in einer umfassenden Studie vor drei Jahren das Gegenteil bewiesen. Wassersparen ist in Deutschland sinnlos, sogar schädlich. Im Durchschnitt verbraucht ein Bundesbürger nämlich nur noch 195 Kubikmeter Wasser pro Jahr, während der globale Durchschnittsverbrauch bei 646 Kubikmetern pro Person liegt. Ein weiterer Rückgang des Verbrauchs würde, so die Forscher, dazu führen, dass die hygienischen und qualitativen Gütestandards der Trinkwasserversorgung beeinträchtigt werden.

Das liegt daran, dass Deutschland extrem wasserreich und Wasser »ein Lebensmittel und wie jedes Lebensmittel mit einem Verfallsdatum versehen« ist, wie Leist und Magoulas schreiben. Wo so hohe Grundwasserreserven bestehen, die nicht verbraucht werden, kommt es zu einer zunehmenden Verkeimung.

In Städten wie Kiel, wo in den vergangenen Jahren der Trinkwasserverbrauch um bis zu 20 % zurückging, müssen die Wasserwerke mittlerweile sogar ›Notspülungen‹ vornehmen, um gesundheitliche Gefahren für die Bevölkerung zu vermeiden. Auf diese Weise werden jährlich allein in Kiel 2 000 000 Kubikmeter Wasser ›verschwendet‹. Wer sich und der Umwelt etwas Gutes tun will, spült also durch.

Quelle: brand eins, Heft 1/2005

Und hier noch einmal der Text, falls Sie nach dem Schwärzen doch noch etwas vermissen:

Ressourcen

Wasser wird immer knapper. Wir müssen Wasser sparen.

Die Fakten:

Für Deutschland ist das eine gewagte Behauptung. Die Umweltwissenschaftler Hans Jürgen Leist und Georgios Magoulas von der Universität Hannover haben in einer umfassenden Studie vor drei Jahren das Gegenteil bewiesen. Wassersparen ist in Deutschland sinnlos, sogar schädlich. Im Durchschnitt verbraucht ein Bundesbürger nämlich nur noch 195 Kubikmeter Wasser pro Jahr, während der globale Durchschnittsverbrauch bei 646 Kubikmetern pro Person liegt. Ein weiterer Rückgang des Verbrauchs würde, so die Forscher, dazu führen, dass die hygienischen und qualitativen Gütestandards der Trinkwasserversorgung beeinträchtigt werden.

Das liegt daran, dass Deutschland extrem wasserreich und Wasser »ein Lebensmittel und wie jedes Lebensmittel mit einem Verfallsdatum versehen« ist, wie Leist und Magoulas schreiben. Wo so hohe Grundwasserreserven bestehen, die nicht verbraucht werden, kommt es zu einer zunehmenden Verkeimung.

In Städten wie Kiel, wo in den vergangenen Jahren der Trinkwasserverbrauch um bis zu 20 % zurückging, müssen die Wasserwerke mittlerweile sogar ›Notspülungen‹ vornehmen, um gesundheitliche Gefahren für die Bevölkerung zu vermeiden. Auf diese Weise werden jährlich allein in Kiel 2 000 000 Kubikmeter Wasser ›verschwendet‹. Wer sich und der Umwelt etwas Gutes tun will, spült also durch.

Quelle: brand eins, Heft 1/2005

7 Schwärzen

Und? Wie ist es Ihnen ergangen? Ist noch etwas vom Text übrig? Die Vorstellung, Text und womöglich doch wichtige Informationen mit schwarzer Farbe zu ›vernichten‹, ist vielen zunächst unangenehm. Es kostet Überwindung, den Schwarzstift anzusetzen. Wir erleben jedoch oft, dass Lernende nach anfänglicher Unsicherheit große Freude am Schwärzen entwickeln: »Wow, das ist gut! Endlich mal alles weghauen, was nicht wichtig ist! Das ist wie ein Befreiungsschlag!«

Mit diesem Befreiungsschlag wurden die wichtigsten Fakten herausgearbeitet. Wem welche Inhalte wichtig erscheinen, ist sehr unterschiedlich. Das wird schnell deutlich, wenn wir im Anschluss an die Einzelarbeit die Teilnehmer bitten, ihre ›Schwarzarbeiten‹ zu zeigen. Wir fordern einzelne Teilnehmer auf, zu berichten, was ihnen im Artikel so wichtig erschien, dass sie es nicht weggestrichen haben.

Hier ein paar Beispiele. Dominik erklärt: »Ich finde, es ist wichtig zu wissen, von wem solche Studien stammen. Deshalb habe ich die Namen der beiden Wissenschaftler, Hans Jürgen Leist und Georgios Magoulas, nicht geschwärzt.« Anke zeigt ihr Blatt: »Die Namen habe ich gleich als Erstes weggestrichen, die

merk' ich mir sowieso nie. Sichtbar gelassen habe ich zum Beispiel im letzten Absatz nur das Zentrale an diesem Text: Mein Leben lang wurde mir beigebracht, dass Wassersparen wichtig ist. Hier steht, dass Gutes tut, wer ordentlich spült. Das ist doch das Enorme an dieser Information!«

Mario ergänzt: »Das sehe ich auch so; aber mir ist vor allem wichtig, warum das so ist. Dass Wasser ein Lebensmittel mit Verfallsdatum ist, dass wir in Deutschland richtig viel davon haben, das habe ich nicht weggeschwärzt!«

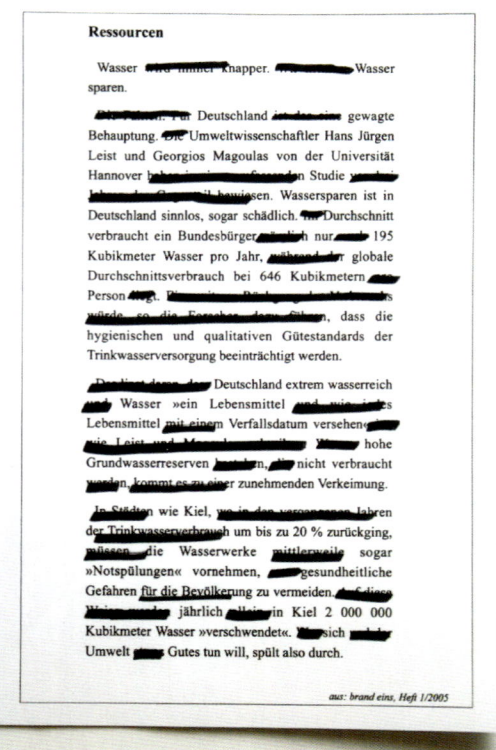

7 Schwärzen

Häufig entsteht aus dieser Berichterunde heraus eine lebhafte Diskussion: »Was ist nun das wirklich Wichtige an diesem kurzen Text? Worauf kommt es an?« Schnell wird klar, dass die Frage vielmehr heißen muss: »Was ist für **mich** das Wichtige? Worauf kommt es **mir** an?«

Schwärzen macht ein wichtiges Lernprinzip deutlich: Wir sieben laufend die Informationen heraus, die uns selbst wichtig erscheinen. Wann immer wir lesen, hören, diskutieren – wir suchen mit unseren mehr oder weniger transparenten Filtern die für uns bedeutsamen Inhalte und lassen den Rest möglichst fallen.

Die Methode erreicht damit zweierlei: Zum einen regt sie an, über die Frage der Wichtigkeit des Lernstoffs nachzudenken, und sie animiert die Lernenden, selbstbewusst Entscheidungen zu treffen – mit einem neu gefundenen Mut zur Lücke, der vielen Lernenden ein wenig abgeht. Zum anderen ist sie ein gutes Sprungbrett für Diskussionen, wie unsere Beispieldebatte von Dominik, Anke und Mario zeigte.

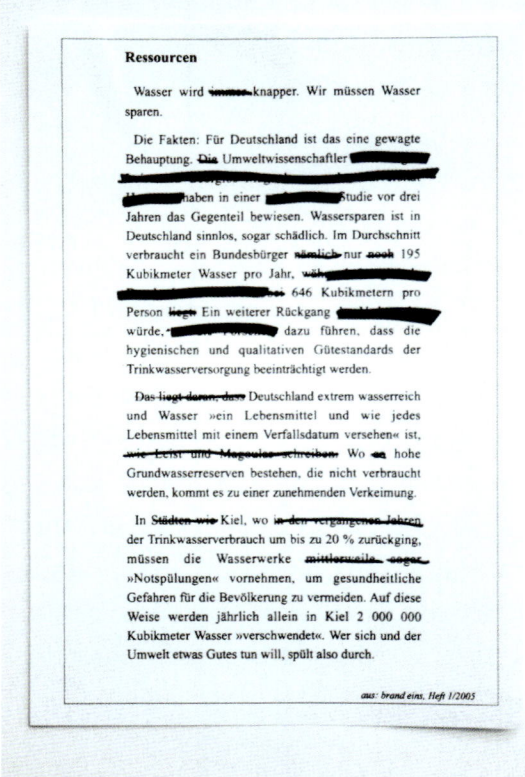

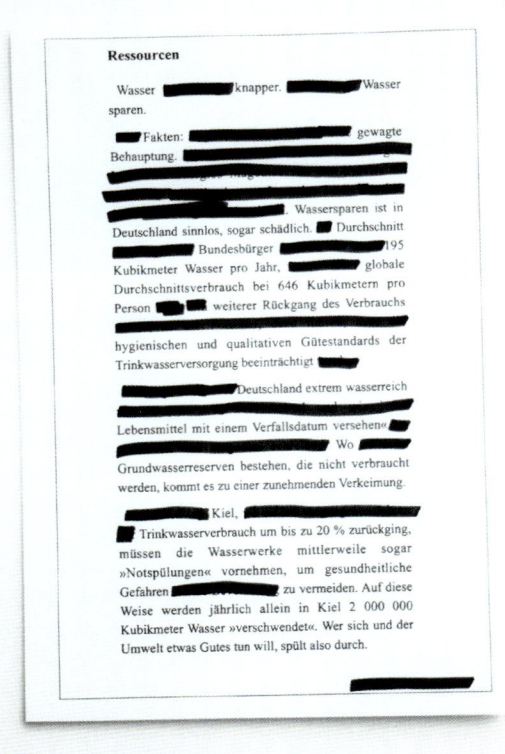

8 Lehr-Lern-Gang
kommunikativ • körperlich bewegt • anspruchsvoll

Ziel:

Erarbeitete Inhalte in Erinnerung rufen, auffrischen und vertiefen.

Kurz beschrieben:

Im Raum ist eine Ausstellung mit Visualisierungen aus dem Seminar aufgebaut. In Paaren gehen die Teilnehmer von Exponat zu Exponat. Dabei erklären sie sich gegenseitig, was es mit den einzelnen Ausstellungsstücken auf sich hat. Anschließend Austausch und Fragen.

Material:

Visualisierte Arbeitsergebnisse aus dem Seminar; Kreppklebeband, Magnete oder Nadeln, Schnur

Für den Luxus-Lern-Gang: Sekt und Gläser

Dauer:

Rundgang: ca. 10 bis 15 Minuten
Austausch und Fragen: 5 bis 10 Minuten

Vorbereitung:

Exponate aufhängen, Ausstellung vorbereiten

Im Laufe mancher Seminartage entsteht eine ganze Menge Material: Sie als Trainer beschriften Flipchartbögen und Moderationskarten. Sie entwickeln Übersichten, Fachlandkarten und Diagramme, anhand derer Sie die Seminarinhalte erklären. Häufig erstellen auch die Lernenden sichtbare Werke. Bei unseren Methoden zum Beispiel bei der **Faktenparade** (Methode 3), **Von A bis Z** (Methode 6) oder **Schema X** (Methode 11).

Diese Werke können auch nach ihrem ersten Einsatz weiter genutzt werden. Aus ihnen lässt sich nach ein oder zwei Seminartagen eine kleine Ausstellung zusammenstellen. Mit ein wenig Kreppklebeband können die Bögen, Karten und Poster unkompliziert im Raum und auf dem Flur an den Wänden befestigt oder einfach auf Tischen und Böden ausgelegt werden.

Den neuen Tag oder die neue Einheit beginnen wir dann mit einem **Lehr-Lern-Gang**. Und der sieht so aus:

»Hallo und guten Morgen. Wie Sie sehen, hat sich hier eine Menge verändert: Hier im Raum und draußen auf dem Flur habe ich die Plakate, Flipcharts und Landkarten, die in den letzten Tagen entstanden sind, ausgestellt. Dazwischen hängen auch ein paar unserer zentralen Seminarfragen. Ich bitte Sie, sich einen Partner Ihrer Wahl zu suchen. Stellen Sie sich nun vor, Sie wären bei einer Vernissage und spazierten gemeinsam mit Ihrem Begleiter von Exponat zu Exponat. Lassen Sie sich Zeit, um die einzelnen Ausstellungsstücke genau zu betrachten und mit Ihrem Partner zu besprechen. Sie haben die Aufgabe, Ihre Erinnerungen an die jeweiligen Werke noch einmal aufzufrischen.

Dabei bitte ich Sie, folgendermaßen vorzugehen: Jeweils einer von Ihnen übernimmt die Rolle des Ausstellungsführers. Er erklärt das Exponat und berichtet, was er dazu denkt und weiß. Der andere Partner hört zu, fragt nach und kann dann ergänzen, was ihm zum jeweiligen Gegenstand noch einfällt. Bevor Sie weitergehen, wechseln Sie die Rollen. Für Ihren Gang durch die Ausstellung haben Sie 15 Minuten Zeit. Viel Spaß!«

Wenn alle Teilnehmer Bescheid wissen, ziehen sie los. Sie verteilen sich zu den verschiedenen Ausstellungsstücken und beginnen mit dem Vernissage-Smalltalk. Was so leicht und so locker klingt, bietet den Teilnehmern eine gute Lernchance: In der Rolle des Ausstellungsführers sind die Lernenden gefordert, ihr Wissen und ihre Erinnerungen flott abzurufen und in einem kurzen Vortrag wiederzugeben. Das ist eine prima Übung! In der Rolle des Zuhörers erhalten die Teilnehmer mit den Zusammenfassungen ihrer Kollegen noch einmal eine Auffrischung des behandelten Stoffs. Durch den laufenden Wechsel zwischen Erinnern, Erzählen und Erklären auf der einen Seite und Zuhören und Nachfragen auf der anderen wird der **Lehr-Lern-Gang** noch dazu kurzweilig. Schön ist daran auch, dass die Methode ein wenig körperliche Bewegung in den Seminaralltag bringt.

8 Lehr-Lern-Gang   kommunikativ • körperlich bewegt • anspruchsvoll

Gerade nach oder vor längeren ›Sitzungen‹ ist das den Teilnehmern und uns sehr willkommen!

Von den Lernenden selbst erhalten wir häufig Rückmeldungen wie diese:

»Ich bin überrascht, was wir hier schon alles gemacht haben. Gut, dass wir uns die Ergebnisse noch einmal angeschaut haben. Sonst hätte ich sie bestimmt bald wieder vergessen!« oder: »Beim Erklären habe ich genau gemerkt, was ich verstanden habe und was nicht!«

Beim **Lehr-Lern-Gang** rekapitulieren die Lernenden den Stoff. Und: Die Methode bietet ihnen einen prima Test, der zeigt, ob sie alles verstanden haben.

Oft tauchen bei den Ausstellungsgesprächen in den Teams auch Fragen auf – manchmal bei vielen Paaren am selben Exponat. Im Anschluss an den **Lehr-Lern-Gang** bitten wir die Teilnehmer, kurz zu berichten, wie es ihnen ergangen ist. Dann können wir offene Fragen und ungeklärte Themen gleich aufgreifen und bearbeiten.

Damit eine ordentliche Ausstellung zusammenkommt, sollten Sie mindestens zehn Flipchartbögen, Plakate oder andere Stücke aus dem Seminar bereithalten.

Möglich ist auch, einfach Überschriften und wichtige Schlagworte aus der Fortbildung auf Karten zu schreiben und diese auszustellen.

Im Seminar begrüßen wir die Lernenden zum **Lehr-Lern-Gang** gerne mit einem Glas Sekt. Es ist ja schließlich eine Vernissage. Also dann – Prost!

9 Schlüsselfragen

Ziel:

Themen und Fragen dem Interesse der Teilnehmer entsprechend aufgreifen.

Kurz beschrieben:

Als Trainer stellen Sie den Teilnehmern zentrale Fragen vor, die im Seminar beantwortet werden können. Die Lernenden wählen nach Interesse Fragen aus und legen fest, in welcher Reihenfolge sie aufgegriffen und bearbeitet werden.

Material:

Flipchart, Pinnwand, Tafel, Arbeitsblatt oder Karten

Dauer:

Je nach Anzahl und Art der Fragen

Vorbereitung:

Fragen formulieren und visualisieren

»Une leçon doit être une reponse«, erklärte der Schweizer Psychologe Edouard Claparèdes, »Eine Lektion muss eine Antwort geben!« Zu Antworten werden Informationen aber nur dann, wenn sie mit einer Frage verbunden sind. Guter Unterricht stellt – so ergänzen wir – demnach zunächst die richtigen Fragen. Im besten Fall tun dies die Lernenden selbst. Denn wer eigene Fragen formuliert, nimmt das Lernen selbst in die Hand.

In manchen Lernsituationen aber ist es gar nicht so einfach, die passenden Fragen zu finden. Insbesondere dann nicht, wenn der neue Lernstoff sehr fremd und das Thema nur wenig vertraut ist.

»Wie soll ich denn zu Biogenetik Fragen stellen, wenn ich keinen Schimmer davon habe? Das können nur ganz allgemeine Fragen sein. Zum Beispiel: ›Was ist das?‹ und ›Was gehört alles dazu?‹ Richtig fragen kann ich erst, wenn ich ein wenig Bescheid weiß!«

Wenn Lernende mit ganz neuen Lernfeldern in Berührung kommen, liegt die Aufgabe, die richtigen Fragen zu stellen, tatsächlich mehr bei uns Lehrenden. Uns ist der Stoff bekannt, wir haben ihn

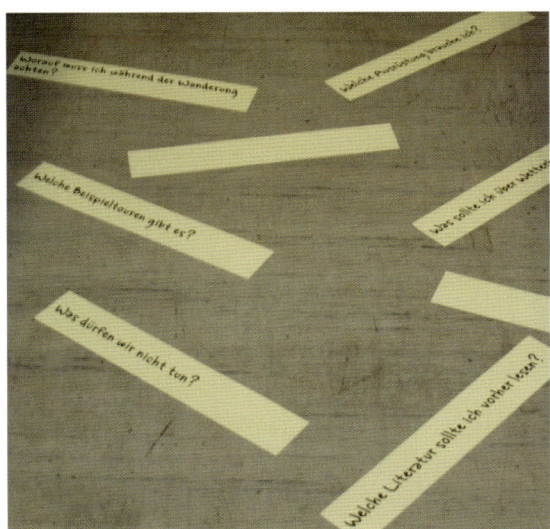

durchdrungen und kennen die zielführenden Fragen.

Mit unseren **Schlüsselfragen** können wir den Lernenden helfen, das Thema für sich zu erobern.

So funktioniert es:
Zum Thema ›Sicheres Fernwandern im Hochgebirge‹ haben Sie als Experte im Vorfeld zentrale Schlüsselfragen formuliert. Beispielsweise diese:

- Welche Literatur sollte ich vorher lesen?
- Welche Ausrüstung brauche ich?
- Was sollte ich über Wetterkunde wissen?
- Welche Beispieltouren gibt es?
- Was dürfen wir nicht tun?
- Worauf muss ich während der Wanderung achten?

Diese Fragen visualisieren Sie in willkürlicher Reihenfolge z. B. auf Streifen an der Moderationswand, auf Karten am Boden liegend oder für jeden Teilnehmer kopiert auf einem Schlüsselfragen-Bogen. Ihrer Fragensammlung fügen Sie leere Karten oder Felder hinzu.

Im ersten Schritt stellen Sie den Teilnehmern die Fragen vor und erklären das Vorgehen:

»Sie sehen hier eine Sammlung von Schlüsselfragen, die wir heute beantworten werden. Sie können nun entscheiden, mit welcher der Fragen wir beginnen sollen. Die vorliegende Sammlung ist nur eine erste Auswahl. Die freien Felder sind dafür gedacht, weitere Fragen zu stellen.«

Nun liegt es in der Hand der Teilnehmer zu bestimmen, mit welcher Frage begonnen wird und mit welchen es weitergeht. Den Kurs bestimmt ganz unkompliziert, wer als Erstes sein Interesse an einer Frage äußert.

Vorteil der Methode ist, dass die Teilnehmer die Fragen an den Anfang stellen können, die sie im Moment besonders interessieren, und dass sie den Weg zum neuen Thema ihren Wünschen entsprechend bestimmen.

Unsere Erfahrung ist, dass die Lernenden bei diesem Vorgehen in der Regel wacher bei der Sache sind, da sie nun automatisch auch im Verlauf weiter mitentscheiden.

Bei der Vorbereitung vermuten wir, was die Teilnehmer interessieren könnte. Die Lernenden greifen später auf, was ihnen wichtig ist und ergänzen bei Bedarf. Wichtig ist uns die zusätzliche Möglichkeit für die Lernenden, auch eigene Fragen einbringen zu können.

9 Schlüsselfragen

Die von uns formulierten Schlüsselfragen sind lediglich mögliche Leitfragen, die die Teilnehmer vor allem anregen sollen, selbst Fragen zu formulieren.

Wir setzen **Schlüsselfragen** gerne bei Informationsveranstaltungen oder Startworkshops ein. Die Methode eignet sich allerdings dann nicht, wenn einzelne Themen zwingend aufeinander aufbauen und eine freie Wahl der Reihenfolge aus didaktischen Gründen nicht möglich ist.

Die **Beantwortung** der Fragen kann natürlich ganz unterschiedlich ausse- hen: eine Erzählung, ein Bericht, die Vorstellung eines Modells, die Samm- lung von Vermutungen in Partner- oder Gruppenarbeit oder Diskussionen.

10 Feierabendkino

komfortabel • ruhig • unkonventionell

Ziel:

Erarbeitete Inhalte in Erinnerung rufen und auffrischen.

Kurz beschrieben:

Die Teilnehmer hören entspannt mit geschlossenen Augen zu. Der Trainer fasst in einem kleinen Bericht die wichtigsten Themen und Ereignisse des Seminars zusammen.

Material:

Keines

Dauer:

5 bis 10 Minuten

Vorbereitung:

Etwas Übung, Stichwortzettel mit den wichtigen Inhalten und Fragen

Den ganzen Tag haben sich die Teilnehmer mit den verschiedenen Durchführungswegen der betrieblichen Altersversorgung auseinander gesetzt. Auch Sie als Trainer sind zufrieden – was Sie sich für heute an Stoff vorgenommen haben, ist tatsächlich geschafft. Mit einer Mischung Ihrer Lieblingsmunterrichtsmethoden haben Sie die Leute immer wieder zum Mitmachen aufgefordert. Zeit zum Träumen, Zurücklehnen und Schwächeln blieb den Teilnehmern da kaum.

Nach diesem herausfordernden Tagespensum gönnen Sie den Lernenden zum Abschluss einen ›Kinobesuch‹. Dabei gibt's für diese auch endlich eine Chance zum Durchatmen! Um das ganz entspannt tun zu können, bitten Sie die Teilnehmer, sich eine bequeme Position zu suchen: So gut es auf den Stühlen im Seminarraum geht, können sie – wie abends im Wohnzimmer – die Beine weit von sich strecken und sich zurücklehnen.

Allein diese Aufforderung wird in vielen Gruppen schon für Überraschung sorgen. Gewöhnlich fläzt man sich ja nicht so öffentlich auf das Lernmobiliar. Es kommt aber noch besser. Denn wenn alle einigermaßen entspannt sitzen, bitten Sie die Leute, die Augen zu schließen. Manche Teilnehmer werden ihre Köpfe ungläubig schütteln, vielleicht lachen, andere werden genüsslich Ihrem Auftrag folgen. Wenn Sie souverän weitermachen, kehrt bald entspannte Ruhe ein.

10 Feierabendkino

Sie begrüßen die Lernenden zum Feierabendkino-Film. Dabei müssen Sie nicht säuseln wie ein Psychoanalytikerverschnitt im Woody-Allen-Film. Sprechen Sie einfach langsam und deutlich:

»Nachdem Sie den ganzen Tag über engagiert gearbeitet haben, möchte ich Ihnen zum Abschluss noch den Service eines kleinen Rückblicks schenken. Lehnen Sie sich noch ein bisschen bequemer zurück, (… Pause …) atmen Sie tief durch, (… Pause …) und freuen Sie sich auf einen Review unseres Seminars. In Ihrem Kopfkino können Sie noch einmal durch unseren Lerntag spazieren.«

Wenn es ganz still geworden ist, fahren Sie fort:

»Ein langer Tag liegt hinter uns. Ich möchte mit Ihnen noch einmal zum Beginn unseres Seminarmorgens zurückzukehren. Ich bitte Sie, vor Ihrem geistigen Auge Revue passieren zu lassen, wie Ihr Seminartag hier heute begann, (… Pause …) wie Sie in diesem Haus ankamen, (… Pause …) unseren Raum betraten, (… Pause …) den anderen Teilnehmern begegneten, (… Pause …) und wie wir schließlich gemeinsam starteten.«

So oder auch etwas ausführlicher könnte der Teil aussehen, mit dem Sie die Teilnehmer zum ›Hauptfilm‹ hinführen. Wichtig ist, dass Sie den Teilnehmern mit kurzen Pausen zwischen den Sätzen Zeit geben, ihre Gedanken zu sammeln und sich auf den Rückblick einzustellen.

Mit ruhiger Stimme rufen Sie nun die Themen des Tages in Erinnerung. Immer wieder machen Sie Pausen, in denen die Teilnehmer Zeit haben, ihre Erinnerungen zu den Themen und Fragen vor ihrem geistigen Auge aufleben zu lassen.

»Am Vormittag haben wir uns zunächst mit den fünf verschiedenen Durchführungswegen beschäftigt, die vom Gesetzgeber in der betrieblichen Altersversorgung vorgesehen sind. In fünf Teams haben Sie die wichtigsten Eigenschaften, Besonderheiten und gesetzlichen Restriktionen der Wege herausgearbeitet und vorgestellt. Bitte rufen Sie sich die fünf Wege noch einmal in Erinnerung.«

Nun machen Sie eine längere Pause. Geben Sie den Teilnehmern ausreichend Zeit, sich an die fünf Wege erinnern zu können, bevor Sie sie noch einmal benennen:

»Die fünf Durchführungswege sind die Direktzusage, die Unterstützungskasse, die Direktversicherung, die Pensionskasse und der Pensionsfonds.

Zurzeit ist die Direktzusage der Durchführungsweg, der am häufigsten genutzt wird. Insbesondere aus steuerlicher Sicht gibt es hier die wenigsten Restriktionen. Der Trend jedoch geht weg von der Direktzusage hin zu den Durchführungswegen, die die Bilanz weniger tangieren, insbesondere die Unterstützungskasse. Mehr und mehr setzt sich die Unterstützungskasse als Durchführungsweg durch.«

So fahren Sie fort und fassen die wesentlichen Ergebnisse des Tages zusammen. Wenn Sie die wichtigsten Inhalte benannt haben, gehen Sie mit Ihrem **Feierabendkino** in die letzte Runde. So wie Sie die Lernenden zu Beginn in die Entspannung hineingeführt haben, führen Sie sie nun langsam wieder in den Alltag zurück.
Zum Beispiel so:

»Mit der ausführlichen Fallbesprechung zu den Durchführungswegen endete unser Tagesprogramm.

Und mit dem Rückblick auf die Fälle endet nun auch unser Feierabendkino. Ich bitte Sie, sich ganz langsam aus Ihrem Erinnerungskino zu verabschieden und vorsichtig in unsere Runde zurückzukehren. Vielleicht hilft es Ihnen, zunächst ganz sachte die Zehen in den Schuhen zu bewegen und Ihren Körper dann genüsslich in alle Richtungen zu strecken. Öffnen Sie Ihre Augen. Nehmen Sie sich Zeit, um sich wieder an das Licht zu gewöhnen. Schauen Sie sich um. (… Pause …)
Herzlich willkommen zurück.«

Spannend sind die Reaktionen auf das **Feierabendkino**. Fast immer erleben wir eine sehr entspannte und zufriedene Stimmung in der Gruppe. Häufig wünschen sich die Teilnehmer am nächsten Seminartag eine Fortsetzung. Obwohl wir diesen Effekt schon so häufig erlebt haben, überraschen uns die positiven Reaktionen im Anschluss immer wieder neu. Das mag daran liegen, dass die Feierabendkino-Ansage bei vielen Teilnehmern zunächst Gefühle von Überraschung bis hin zu blankem Entsetzen auslöst. In den Gesichtern lesen wir manchmal Sätze wie: »Bin ich hier im Kindergarten?«, »Jetzt dreht er durch!« oder: »Wie komme ich hier am schnellsten raus?« Die Form des

10 Feierabendkino

Feierabendkinos ist für viele erwachsene Lernende einfach ungewohnt.

Wichtig ist daher, genau zu prüfen, ob die Methode zur Teilnehmergruppe und zur Seminarstimmung passt und ob Sie damit Ihr Seminarziel erreichen können.

Das **Feierabendkino** bietet die Möglichkeit, die wichtigsten Inhalte des Tages noch einmal zusammenzufassen. Die Teilnehmer haben die Chance, den Lernstoff relativ entspannt zu erinnern und aufzufrischen.

Wir entscheiden uns gerne dann für das **Feierabendkino**, wenn die Leute den Tag über häufig aktiv im Einsatz waren. Sich zurücklehnen und die Augen schließen zu können, ist dann ein guter Kontrast.

Nicht ganz so entspannend allerdings ist das **Feierabendkino** für Sie als Trainer selbst: Es ist ein wenig Übung nötig.

Wir empfehlen Ihnen ein paar Trokkenübungen: Probieren Sie es einfach ein paarmal aus, um Ihren eigenen Feierabendkino-Stil zu entwickeln. Zur konkreten Vorbereitung lohnt es sich, auf einem Stichwortzettel die wichtigsten Inhalte und Fragen, um die es im **Feierabendkino** gehen soll, zu notieren. Vor dem Ernstfall mit der Seminargruppe machen wir dann ein paar Übungsdurchläufe zu Hause oder im Büro. So finden wir von Mal zu Mal die richtigen Worte und das passende Tempo. Hilfreich ist auch eine Vorrunde mit einem Testteilnehmer.

Und dennoch: Trotz aller Übung und Vorbereitung fordert dieser ungewöhnliche Weg ein wenig Mut! Viel Erfolg!

11 Schema X

Ziel:

Inhalte rasch strukturieren und ordnen.

Kurz beschrieben:

Die Teilnehmer erhalten ein Schema mit vorgegebenen Kategorien oder Fragen. Einzeln oder in Gruppen fügen sie in das Schema Informationen ein, die sie aus Texten, Gelerntem oder Erfahrungen zusammentragen. Die Teilnehmer stellen anschließend ihre Ergebnisse vor.

Material:

Packpapier, Flipchartbögen oder Folien und passende Stifte; bei manchen Varianten: Texte, Infopakete

Dauer:

30 Minuten bis zu einem ganzen Tag

Vorbereitung:

Schema entwickeln und visualisieren; bei Bedarf: Texte finden und kopieren

Bei allen unseren Munterrichts-methoden finden Sie gleich zu Beginn jedes Kapitels wichtige Informationen in Kürze. Komprimiert wollen wir Ihnen einen Überblick geben. So können Sie flott einen ersten Eindruck gewinnen. Vielleicht helfen Ihnen die knappen Informationen zu entscheiden, ob Sie die ausführliche Beschreibung jetzt über-haupt lesen wollen oder lieber blättern und weitersuchen.

Was wir Ihnen hier als kleinen Leser-service anbieten, ist auch Gegenstand einer Munterrichtsmethode.

Schema X könnte – beispielsweise im Lehrmethodenworkshop, in dem Trainer und Dozenten diese und andere Methoden kennen lernen und erproben – so genutzt werden:

»7 Methoden haben wir bislang erprobt. Für die nächsten 3 Methoden bitte ich Sie, in 3 Teams die Vorstellung dieser Methoden zu übernehmen.

Bitte gehen Sie dabei folgendermaßen vor: Jedes Team erhält eine ausführliche Methodenbeschreibung. Lesen Sie sich den Text durch. Tauschen Sie sich in Ihrer Gruppe über die Methode aus, und diskutieren Sie, wie Sie die Methode einschätzen. An der Moderationswand sehen Sie ein Schema mit den folgenden Feldern: Methodenname, Ziel, Anleitung, Vorbereitung und Material, Dauer und Bewertung. Jedes Team erhält einen vorbereiteten Packpapierbogen mit diesem Schema.

Bitte nehmen Sie sich 30 Minuten Zeit, und füllen Sie das Schema mit Informationen über Ihre Munterrichtsmethode. Anschließend haben Sie die Aufgabe, uns Ihre Methode anhand Ihrer Kurzübersicht vorzustellen. Hier sind die Texte und die Papierbögen. Los geht's. Viel Spaß!«

Wenn der Auftrag für alle Teilnehmer klar ist, kommen die Teams zusammen. Ausgerüstet mit ausreichend kopierten Texten für jedes Teammitglied, mit Stiften und dem Schema auf dem Papierbogen machen sie sich an die Arbeit.

Nachdem die Teilnehmer die Methodenbeschreibung gelesen haben, beginnen sie, die geforderten Informationen im Schema einzutragen.

Das dauert in der Regel nicht lange. Wie ein Behördenformular können die Teams das Schema Schritt für Schritt abarbeiten.

Während die Teilnehmer bei anderen – offeneren – Gruppenaufträgen oft lange überlegen, wie sie die Sache überhaupt anpacken sollen, welche Informationen sie überhaupt sammeln, zusammenstellen und anschließend vorstellen wollen, muss bei **Schema X** meist nicht lange diskutiert werden. Dank der von Ihnen im Schema vorgestellten Struktur müssen sich die Lernenden nicht um das Ordnungssystem kümmern. Der Leitfaden legt klare Fragen nahe – die Gruppe kann sofort mit der Beantwortung loslegen.

Schema X setzen wir also gerne dann ein, wenn wir die Teilnehmer selbständig Inhalte erarbeiten und präsentieren lassen wollen, aber für eine ausführliche Gruppenarbeit die Zeit zu knapp ist. Durch die klaren Stichworte oder Leitfragen entstehen bei **Schema X** in kurzer Zeit gute Arbeitsergebnisse.

Die 3 Teams des Lehrmethodenworkshops kehren schon nach 25 Minuten zurück. Das erste Team hat die **Tempo-Thesen-Runde** (Methode 1) bearbeitet und beginnt mit der Vorstellung. Beate präsentiert ihren Packpapierbogen mit dem gefüllten Schema.

»Ja, wir präsentieren Euch also die **Tempo-Thesen-Runde**: Mal sehen, ob ich das mit Tempo hinkriege.
Ich fange mit der **Vorbereitung** an: Zu Eurem Thema überlegt Ihr Euch knackige Thesen. Für ein Führungstraining fiel uns zum Beispiel die ein: ›Wettbewerb motiviert uns, unser Bestes zu geben. Wir wären nicht produktiv, wenn wir nicht konkurrierten.‹ Solche Thesen sammelt Ihr aus dem Gebiet, das Ihr behandelt habt oder behandeln wollt und schreibt sie auf einzelne Zettel.
Jetzt zur **Anleitung**: Jeder Teilnehmer zieht eine These. Dann bekommen die Leute kurz Zeit, sich die These anzuschauen und zu überlegen, was sie dazu denken. Dann wird's spannend. Jeder muss nach vorne treten, seine These vorstellen und kurz dazu Stellung beziehen. Entweder kann das Statement dann diskutiert werden, oder es geht gleich mit dem nächsten Teilnehmer weiter.
Die **Dauer** hängt von der Teilnehmerzahl ab, es geht aber recht flott. Ist ja eine Temporunde. Wir sagen mal: Bei 10 Leuten schafft man das – ohne Diskussionen – in knapp 20 Minuten, wenn man es straff anleitet.
Jetzt noch zum **Ziel**: Drei Ziele kann die Methode unserer Meinung nach verfolgen. Erstens müssen sich die Teilnehmer intensiv mit dem Thema auseinander setzen, abwägen, Stellung beziehen. Zweitens kann man damit prima Diskussionen anheizen. Und drittens ist das Ganze für die Leute bestimmt spannend.
Zum Schluss noch unsere **Bewertung**: Allen im Team gefällt die Methode gut. Ist eben was für taffe Leute und bringt Schwung in die Bude.«

Nun können die anderen Teilnehmer Fragen stellen, die Gruppe kann die Methode diskutieren. Bevor im Lehrmethodenworkshop die nächste Me-

11 Schema X

thode vorgestellt wird, könnte die präsentierte **Tempo-Thesen-Runde** auch erprobt werden.

Das Schöne an **Schema X**: Die Gruppen erarbeiten genau die Aspekte, die das Raster abfragt. Über das Schema können Sie als Trainer den Blick der Lernenden auf die Inhalte und Fragen lenken, die Sie für wichtig und spannend halten. Weil alle Teams mit dem gleichen Schema arbeiten, sind die visualisierten Ergebnisse anschließend auch leicht zu verarbeiten und zu vergleichen.

Eingesetzt werden kann **Schema X** bei ganz unterschiedlichen Anlässen: Entweder – wie im Beispiel – um die Lernenden neue Informationen erarbeiten zu lassen. Die Teams erhalten dann Texte, Bücher oder Links, in denen sie die gefragten Informationen recherchieren.

Die Aufgabe könnte aber auch so konzipiert sein, dass sich die Teilnehmer ganz auf ihr vorhandenes Wissen und ihre Erfahrungen stützen und ohne Textmaterial arbeiten.

11 Schema X   zielstrebig • produktiv • strukturiert

Im Lehrmethodenworkshop könnte zum Beispiel jedes Team eine Methode vorstellen, mit der eines der Gruppenmitglieder bisher besonders gute Erfahrungen gemacht hat.

Eine ganz andere Variante: Sie setzen **Schema X** am Ende einer Lerneinheit ein. Die Teilnehmer haben die Aufgabe, rückblickend die wichtigsten Informationen zu einer Fragestellung, einem Modell oder einer Methode im Raster zu bündeln und damit den Stoff zu wiederholen.

Das Schema, das Sie den Lernenden an die Hand geben, kann viele Gesichter haben. Je nach Situation kreieren wir ein passendes Raster. Was wir den Lernenden vorschlagen, verstehen wir als Angebot, nicht als Korsett, an das sich die Teilnehmer zwanghaft halten müssen. Wenn sich in den Gruppen herausstellt, dass eine andere Kategorie oder eine andere Anordnung sinnvoller ist, dann können und sollen die Lernenden das Schema verlassen. Manchmal bauen wir, wie unten beim Beispiel der W-Fragen, auch leere Felder ein, die die Teilnehmer frei nutzen können. Hier ein paar Ideen, welche weiteren Schemata möglich sind:

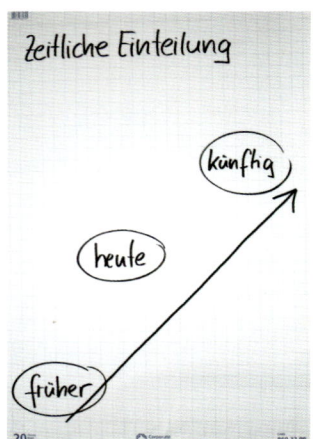

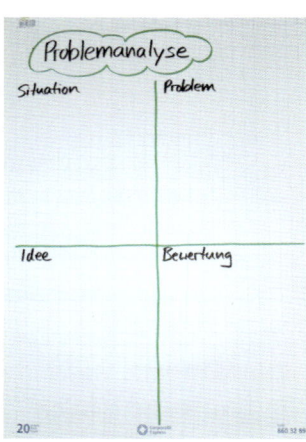

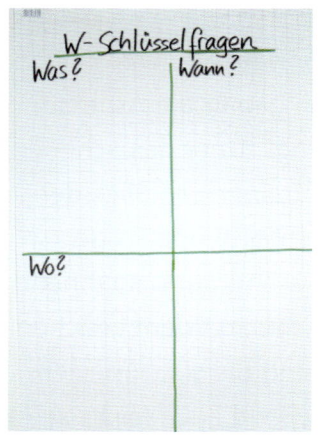

12 Stuhlorakel

Ziel:

Interesse für einen nächsten Arbeitsschritt wecken. Bestimmen, wer anstehende Aufgaben übernimmt.

Kurz beschrieben:

Das Stuhlorakel entscheidet darüber, welche Teilnehmer die nächsten Aufgaben lösen oder die kommenden Fragen beantworten sollen. Die Teilnehmer werden mit der Bitte überrascht, an den Unterseiten ihrer Stühle nach Zeichen zu suchen. Wer dort eine Karte findet, ist dran.

Material:

Farbige Karten, Klebeband

Dauer:

3 Minuten

Vorbereitung:

Karten unbeobachtet unter die Stühle kleben

»Wer macht als Nächstes weiter?« Über diese richtungweisende und oft als unangenehm bis peinlich empfundene Frage im Seminar kann das **Stuhlorakel** entscheiden.

Wie funktioniert es? Schon vor Beginn der Veranstaltung haben Sie sich in den Raum geschlichen und unter einige oder auch alle Stühle – dort, wo sonst die Kaugummis kleben – Erkennungszeichen befestigt.

Zum Beispiel:
- leere, farbige Karten,
- Karten mit Abbildungen von lachenden und weinenden Gesichtern,
- Karten mit den Ziffern 1 bis 5 oder andere klar erkennbare Zeichen.

Inmitten der Lehreinheit richten Sie sich mit einer ungewöhnlichen Aufforderung an die Lernenden:

»Welche drei Personen die nächsten Fragen stellen werden, hat das Stuhlorakel längst entschieden. Um herauszufinden, wen in unserer Runde das Orakel ausgewählt hat, bitte ich Sie, sich zu erheben und unter die Sitzfläche Ihres Stuhles zu schauen. Die drei Personen, die dort eine solche blaue Karte finden, wurden vom Stuhlorakel ausgewählt.«

Häufig werden Sie die Aufforderung ein- oder zweimal wiederholen und möglicherweise präzisieren müssen, bis wirklich alle Teilnehmer ihre Stühle genau inspiziert haben. Wer dann ein Erkennungszeichen gefunden hat, übernimmt die anstehende Aufgabe. Das kann wie im Beispiel die Formulierung einer Schlüsselfrage sein, eine kleine Wiederholung, die Moderation der nächsten Sequenz oder

12 Stuhlorakel

die Darstellung von Vor- und Nach-
teilen einer Idee (dafür geeignet sind
zum Beispiel lachende und weinende
Gesichter unter den Stühlen).

Am **Stuhlorakel** gefällt uns, dass es
die Gruppe so schön überrascht. Wir nutzen es mit kleinen, vertrauten Gruppen,
aber auch in großen Veranstaltungen.

Eine mögliche Variante:

Unterschiedlich farbige Karten oder
die Ziffern 1 bis 5 teilen die Lerngruppe
in Arbeitsteams für die nächste Aufgabe
ein. Dafür müssen natürlich alle Stühle
präpariert sein.

13 Inventur

gründlich • herausfordernd • meditativ

Ziel:

Einzelheiten eines Stoffgebietes erinnern und auffrischen, Brainstorming.

Kurz beschrieben:

Die Teilnehmer sammeln in Einzelarbeit auf großen Papieren Fakten, Gedanken, Ideen zum Seminarthema. Sie haben die Aufgabe, mindestens (beispielsweise) 33 Informationen zusammenzutragen. Anschließend stellen sie ggf. ihre Sammlung oder Teile daraus vor.

Material:

Große Blätter (A3) und Stifte für alle Teilnehmer

Dauer:

Ohne Vorstellung: 10 bis 15 Minuten
Mit Vorstellung: 20 bis 30 Minuten

Vorbereitung:

Keine, ggf. Selbsttest, um Vorgehen (Zeit und Anzahl der Informationen) zu bestimmen.

»Herzlich willkommen zum fünften Baustein unseres Lernseminars. Heute ist ›Halbzeit‹ und weitere fünf Bausteine liegen noch vor uns. Bevor wir mit dem nächsten Thema loslegen, bitte ich Sie zu einer Seminarinventur. Auf Ihrem Tisch liegen schon große, gelbe Blätter und Stifte bereit.

In den kommenden 15 Minuten haben Sie folgende Aufgabe: Bitte schreiben Sie auf Ihrem Bogen alles auf, was Ihnen zu unserem Thema ›Lern- und Arbeitstechniken fürs Studium‹ einfällt. Notieren Sie alles, was Sie hier im Kurs gelernt haben, woran Sie sich erinnern, was Sie mit dem Thema in Verbindung bringen. Lassen Sie Ihren Gedanken einfach freien Lauf. Sie brauchen Ihre Ideen nicht zu ordnen. Sammeln Sie auf dem Blatt einfach alles, was Ihnen einfällt. Entscheiden Sie, wie Sie sammeln: In Stichworten, als Mindmap, in einer

Tabelle, in Bildern. Ganz egal wie, wichtig ist, dass Sie so viele Informationen wie möglich sammeln. Vier Seminartage liegen bereits hinter uns. Da wird eine Menge zusammenkommen. Bitte sammeln Sie mindestens 33 Gedanken – gerne auch mehr!«

Nachdem wir diesen Auftrag vorgestellt haben, blicken wir oft in zweifelnde Gesichter. Häufig ernten wir Reaktionen wir diese:

»Wir sollen **mindestens** 33 Infos sammeln? Was soll ich denn da aufschreiben? Das ist unmöglich – das schaffe ich nie!« Oder: »Das ist ja voll anstrengend! Wozu der Aufwand?«

Meist wiederholen wir den Auftrag noch einmal und ermutigen die Teilnehmer, es einfach zu versuchen:

»Ja, bitte notieren Sie mindestens 33 Fakten, Eindrücke und Erinnerungen zu unserem Seminarthema. Sie haben Recht, die Sache ist auch ein wenig anstrengend. Probieren Sie es einfach mal aus. Ich bin sicher: Nach kurzer Bedenkzeit wird Ihnen – auch ohne einen Blick in die Unterlagen zu werfen – eine Menge einfallen. Auf 15, 20 Infos kommen Sie ganz locker. Vielleicht wird es dann zäher, und Sie zweifeln, ob Sie noch mehr finden können. Das ist ganz normal. Bei Aufgaben wie dieser landen

wir nach dem ersten Gedankenschub oft im Tal der Kreativitätskurve. Wenn Sie sich die anschauen, sehen Sie aber, dass nach dem ersten Tal noch ein zweiter Anstieg wartet. Also: Nicht aufgeben, wenn vielleicht nichts mehr zu kommen scheint. Machen Sie einfach weiter!«

Wenn der Auftrag klar ist, starten die Teilnehmer. Je nach Arbeitstempo der Lernenden und der Fülle des bislang erarbeiteten Stoffes geben wir für die Sammlung zwischen 10 und 15 Minuten Zeit. Bei der Zeitplanung ist uns wichtig, die Lernenden nicht durch eine zu kurze Zeitspanne zusätzlich unter Druck zu bringen. Wie viele Erinnerungen die Lernenden zusammentragen sollen, hängt davon ab, wie viel Inhalt bisher erarbeitet wurde. Nach nur ein oder zwei Seminareinheiten können auch 10 oder 15 Informationen als Ziel ausreichen.

13 Inventur

Wichtig ist, dass mit dem Auftrag eine Herausforderung und auch eine gewisse Anstrengung verbunden sind. Die Lernenden sollen nicht nur locker die ersten Erinnerungen abrufen, sie sollen tief in ihrem Wissensnetz stöbern und auch Details hervorholen, die ihnen nicht auf Anhieb in den Sinn kommen. Die Suche lohnt sich, da die Teilnehmer gefordert sind, die zurückliegenden Unterrichtsstunden genau zu durchdenken. Die Lernenden sollen noch einmal durchforsten, worum es im Seminar ging, was besprochen wurde, welche Ergebnisse erzielt wurden. Dieses Forschen darf ruhig ein wenig Arbeit sein. Die Ziellatte muss also hoch genug hängen – als Ansporn zum Suchen.

Um die passende Zeitangabe und die passende Anzahl herauszufinden, lohnt es sich, vorher zum entsprechenden Thema selbst einmal zu sammeln.

Sie sind experimentierfreudig? Haben Sie Lust, die Methode **Inventur** jetzt selbst auszuprobieren? Dann schnappen Sie sich einfach Papier und Stift, und testen Sie die Methode. Als Thema könnte ein Seminar in Frage kommen, das Sie kürzlich selbst besucht haben. Oder ein Fachgebiet, mit dem Sie sich gerade befassen. Wenn Sie wollen, können Sie auch rund um die Munterrichtsmethoden, die Sie bislang studiert haben, sammeln.
Also – 33 Informationen sind gefragt! Viel Spaß!

Wir hoffen, Sie sind mit Ihrem Resultat zufrieden. In den Seminaren erleben wir häufig, dass die Lernenden über ihre eigenen Ergebnisse überrascht sind:
»Tja, ich hätte nicht gedacht, dass da so viel zusammenkommt. Ich finde meine Sammlung doch ganz beachtlich. Es sind sogar über 50 geworden!«
»Erstaunlich finde ich, dass ich doch immer noch was gefunden habe, wenn ich weitergesucht habe. Das hätte ich nicht erwartet.«

Viele Teilnehmer wirken nach der Übung richtig zufrieden mit sich selbst:

»Wow, das ist ein gutes Gefühl. Manchmal habe ich gezweifelt, ob ich hier überhaupt schon richtig was gelernt habe. Die Sache hat gezeigt, dass doch ganz schön viel hängen geblieben ist.«

Viele Munterrichtsmethoden (z. B. **Schema X**, Methode 11 und **Faktenparade**, Methode 3) fordern die Lernenden auf, ihre Gedanken und ihr Wissen klar zu strukturieren. Diese Herausforderung kann manchmal hemmend wirken und erschweren, überhaupt etwas zu Papier zu bringen. Bei der **Inventur** können die Lernenden frei und frisch von der Leber weg sammeln. Hier kommt es eben nicht darauf an, die Informationen zu formulieren und zu ordnen. Hier geht es darum, **so**

viele Erinnerungen **wie möglich** zusammenzutragen und das Wissensnetz nach Informationen aus dem Seminar zu durchkämmen.

Nachdem die Lernenden gesammelt haben, gibt es verschiedene Möglichkeiten, wie Sie weiterarbeiten können. Sie können die Teilnehmer bitten, sich in Paaren ihre Sammlung gegenseitig vorzustellen (**Schnattern**, Methode 20). Oder Sie fordern die Leute auf, jeweils eine Erinnerung reihum in der großen Runde zu präsentieren.

Besonders spannend wird es, wenn Sie darum bitten, jeweils eine **neue** Information zu nennen, die von den Vorrednern noch nicht vorgetragen wurde. So entsteht nach mehreren Runden ein umfassender Rückblick, bei dem alle wesentlichen Seminarinhalte angesprochen wurden. Häufig ist das sehr lustig, weil eine Art ›Feuerwerksstimmung‹ aufkommt: Mit »Ah«, »Oh«, »Ja, genau«, »Ach ja, stimmt!« werden viele Beiträge kommentiert.

Auf der folgenden Seite sehen Sie zwei Beispiele aus einem Seminar:

13 Inventur

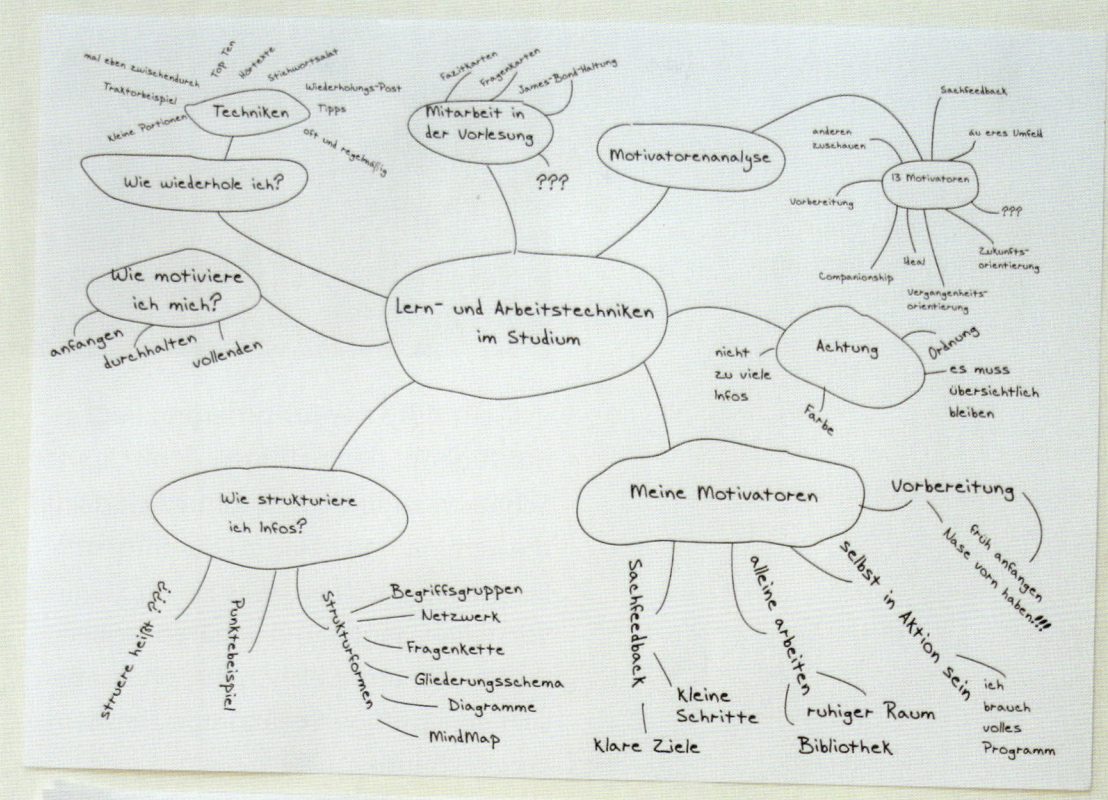

1. russische Sportwissenschaftler
2. Obelix Motivationsdrink (lecker!)
3. Motivatoren
4. Bremser und Beschleuniger
5. Mailauftrag an Herrn Groß über meine Motivatoren
6. wenn ich keinen Sinn darin sehe, etwas zu lernen, ist es schwer
7. Motivatoren bei mir: Ideal, Herausforderung, Companionship
8. sollte mehr in Arbeitsgruppen lernen
9. demotivierend bei mir: Wettbewerbsorientierung
10. beim Lernen Stoff ordnen
11. zusammenfassen
12. nicht alles abschreiben
13. auswählen
14. Vorsicht mit dem Textmarker (SCHWÄBISCH SPAREN)
15. Leseübungen
16. Schwarzmalen
17. diskursives Lesen
18. ca. 30 Minuten pro Buch/Skript
19. Überblick bekommen
20. beim Lesekurs 1,5 Liter Wasser trinken – alle rennen aufs Klo!!!
21. Pausen machen
22. wiederholen
23. Post für den Tiger
24. aufschreiben
25. anderen erzählen
26. andere Techniken
27. Experiment mit Buchstaben
28. Fazitkarte
29. Fragekarte
30. Tobis witzige Wiederholung
31. bei Hausarbeiten erst an der Struktur arbeiten, dann schreiben
32. Konzentrationsübung mit dem laufenden Affen
33. geschafft!

14 Schätzfragen

Ziel:

Interesse und Aufmerksamkeit auf ein Thema lenken.

Kurz beschrieben:

Die Teilnehmer haben die Aufgabe, eine oder mehrere Schätzfragen zu beantworten und ihre Antworten zu begründen.

Material:

Keines
Bei manchen Varianten: Moderationskarten, Stifte, Klebepunkte, Flipchart

Dauer:

3 bis 10 Minuten

Vorbereitung:

Schätzfrage(n) formulieren

Schätzen finden viele Menschen aufregend. Die spannende Frage ist: Lande ich mit meinem Tipp den erhofften – aber doch unwahrscheinlichen – Volltreffer? Oder liege ich mit meiner Schätzung voll daneben?

Weil gute Schätzfragen faszinieren und fesseln können, lässt sich daraus leicht eine ganz unkomplizierte Munterrichtsmethode machen, mit der man die Aufmerksamkeit auf eine Frage lenken kann.

Die größte Herausforderung liegt meist darin, den richtigen ›Stoff‹ zum Schätzen zu finden. Es lohnt sich dazu, die Seminarbausteine zu durchforsten: Schauen Sie sich an, was Sie im Seminar vorstellen, sagen und erklären wollen. Prüfen Sie, aus welchen Ihrer Aussagen sich eine pfiffige Schätzfrage zimmern lassen könnte.

Ihre Frage sollte die Lernenden einerseits auf unbekanntes, ein wenig unsicheres Terrain führen. Denn wenn zwei Drittel der Lernenden die Antwort vermutlich bereits kennen, geht die Spannung verloren. Dann ist nicht Schätzen, sondern Wissen gefragt. Den Zauber einer guten Schätzfrage macht andererseits aus, dass die Lernenden doch eine – zumindest kleine – Chance haben, mit ihrem Tipp richtig zu liegen.

Wenn Sie eine geeignete Schätzfrage gefunden haben, dann sollten Sie darauf achten, die Frage so eindeutig

14 Schätzfragen

effektvoll • knifflig • witzig

wie möglich zu formulieren. Wenn die Lernenden erst 3, 4 oder 5 Mal nachfragen müssen, wie sie die Frage interpretieren sollen, dann geht der Reiz am Schätzen schnell verloren. Wichtig ist also eine klar formulierte Ausgangsfrage mit möglichst konkreten Teilangaben. Bei kniffligen Fragen lohnt es sich, die Frage für alle gut sichtbar zu visualisieren.

Hier finden Sie ein paar Beispiele aus ganz unterschiedlichen Lerngebieten. Schätzen Sie doch einfach mal!

Montagmorgen, 7.15 Uhr, Berliner Charité, großer Hörsaal. Pharmakologievorlesung. Der Professor fragt die (müden) Studenten: »Was schätzen Sie? Welche Nebenwirkungen werden in Deutschland durch Einnahme von Medikamenten am häufigsten ausgelöst?«

Im Leistungskurs Mathematik leitet die Lehrerin das große Thema – ›Wahrscheinlichkeitsrechnung‹ – mit

einer Schätzfrage ein: »Zu unserem Leistungskurs gehören 30 Schülerinnen und Schüler. Was denken Sie? Wie hoch ist die Wahrscheinlichkeit, dass 2 von Ihnen am selben Tag Geburtstag haben? Sie müssen nicht im selben Jahr geboren sein. Bei wie viel Prozent liegt die Wahrscheinlichkeit? Was schätzen Sie?«

An der Verwaltungsakademie geht's um das deutsche Sozialversicherungssystem. In einer Diskussion um Sinn und Unsinn der deutschen Arbeitslosenversicherung fragt der Dozent: »Wir haben viel über die heutigen Schwierigkeiten der Arbeitslosenversicherung debattiert. Für die weitere Diskussion lohnt sich ein Blick in die Geschichte. Wissen Sie, in welchem Jahr die obligatorische Arbeitslosenversicherung in Deutschland eingeführt wurde? Was schätzen Sie? War es 1871, 1949 oder 1927?«

Die Lösungen finden Sie am Ende dieses Kapitels.

14 Schätzfragen

Wir setzen **Schätzfragen** gerne ein, wenn wir das Interesse der Gruppe auf ein Thema lenken wollen, wenn wir die Neugier der Leute wecken wollen. Bei guten Schätzfragen können wir beobachten, wie die Aufmerksamkeit in der Gruppe steigt, wie die Teilnehmer die Köpfe recken und Spannung in die Runde kommt. Gerade wenn die Energie nachlässt – vielleicht nach dem Mittagessen –, kann eine Schätzfrage richtig belebend wirken.

Bevor der erste Teilnehmer seinen Tipp äußert, geben wir den Lernenden gerne ein wenig Zeit zum Nachdenken. So können sich möglichst viele – zumindest gedanklich – beteiligen und **ihre** Antwort finden.

Bei ganz zentralen Schätzfragen bitten wir manchmal auch darum, die Vermutung deutlich auf eine Moderationskarte zu schreiben. Wie die Jury beim Eiskunstlauf halten die Teilnehmer dann ihre Tipps für alle sichtbar hoch.

Ganz egal, wie die Teilnehmer antworten (auf Karten oder einzeln zurufend), der für das Seminar wertvolle Teil kommt meist erst **nach** der unmittelbaren Antwort auf die Frage.

Wir fragen die Teilnehmer nämlich gerne, **wie** sie auf ihre Antwort gekommen sind. »Wie kommen Sie gerade auf 55 Prozent?« In der Regel liefern die Leute dann sehr brauchbare Begründungen, mit denen wir später weiterarbeiten können.

Oft entstehen durch die Schätzfrage auch heiße Diskussionen: Viele haben sich mit der gleichen Frage befasst, viele haben ihre eigene Meinung dazu. Und die wird jetzt verteidigt … Über eine einzige Frage landen wir auf diese Art oft mitten im Thema!

Das Schöne an **Schätzfragen**: Mit geringem Aufwand, ohne Material und große Vorbereitung können Vorträge und Seminare effektiv aufgemuntert werden!

14 Schätzfragen

Schon geschätzt? Hier finden Sie die Lösungen zu den drei Beispielfragen:

Nebenwirkungen:

Als häufigste Nebenwirkungen treten Hautausschläge und Allergien auf. Wirklich!

Geburtstagswahrscheinlichkeit:

Die Wahrscheinlichkeit liegt überraschenderweise ein wenig über 70 Prozent!

Arbeitslosenversicherung:

Die obligatorische Arbeitslosenversicherung wurde im Jahr 1927 eingeführt.

15 Tippsuche

Ziel:

Konkrete Handlungs- und Praxistipps finden, herausarbeiten oder entwickeln.

Kurz beschrieben:

Die Teilnehmer erhalten Tippsammlungen oder entwickeln aus Texten, eigenen Erfahrungen und Überlegungen selbst Tipps. Sie diskutieren und bewerten die Tipps.

Material:

Je nach Variante: Tippsammlungen, Texte, Textmarker

Dauer:

Je nach Aufgabenstellung

Vorbereitung:

Geeignete Tippsammlungen oder Texte finden; Texte selbst lesen und Tipps formulieren

»Können Sie mir einen guten Tipp für unsere nächste Projektteamsitzung geben?«

»Haben Sie eine Idee, wie ich im Adressprogramm die Gruppen besser verwalten kann?«

Mit solchen und ähnlichen Ausgangsfragen kommen viele Teilnehmer in Veranstaltungen der beruflichen Weiterbildung. Ihr Wunsch: konkrete, handfeste Ideen, mit denen sie ihre

Herausforderung anpacken können. Die **Tippsuche** gibt solche Antworten. Drei Varianten der Methode stellen wir Ihnen auf den folgenden Seiten vor.

Variante 1: Fertig servierte Tipps
Variante 2: Tipps herausschälen
Varainte 3: Eigene Tipps backen

Für alle Varianten gilt: Es sind Tipps, gegeben und genommen mit Leichtigkeit. Sie ersetzen keine fundierte Ausbildung. Und: Es sind keine Befehle!

Jede Form beschreiben wir Ihnen anhand eines konkreten Fallbeispiels. Sie haben so die Möglichkeit, die drei Varianten selbst einmal auszuprobieren und die Methode dreifach zu testen. Los geht's.

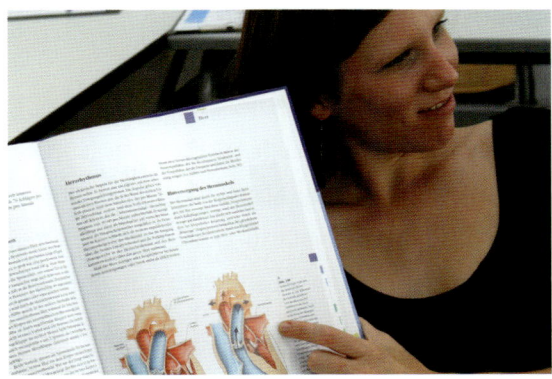

Variante 1: Fertig servierte Tipps

Glückwunsch! Sie sind bei Methode 15 gelandet. Einige Lesestunden liegen bereits hinter Ihnen. Wir haben uns bemüht, verständlich und munter zu schreiben. Wir hoffen, dass Sie gut mitgekommen sind und Ihnen die Lektüre vielleicht sogar ein wenig Spaß gemacht hat.

Lesen fällt nicht immer so leicht. Vor allem manche wissenschaftlichen Texte sind eine richtige Herausforderung für die Leser: Lange Sätze, sperrige Begriffe und nur seltene Zusammenfassungen der wesentlichen Erkenntnisse machen die Lektüre mühsam. Sicherlich haben Sie das auch schon am eigenen Leib erfahren …

Der Berliner Philosophieprofessor Wilhelm Kiesewetter verfasste für seine Studierenden als Hilfestellung für besonders knifflige Texte 24 Lesetipps. 10 davon haben wir für Sie ausgewählt. Bitte schauen Sie sich die Ratschläge an, und überlegen Sie: Welcher könnte für Sie bei der Lektüre von anspruchsvollen Fachtexten (nicht von entspannenden Urlaubsromanen – deren Genuss wird mit Kiesewetters Tipps eher ruiniert …) besonders hilfreich sein? Bitte markieren Sie einen für Ihren Leseerfolg bedeutsamen Tipp.

Bevor Sie loslegen, noch ein Hinweis: Professor Kiesewetter veröffentlichte seine Ratschläge im Jahr 1811. Wundern Sie sich also nicht über die etwas ungewohnte Ausdrucksweise …

1 Man wähle zur Lesung eines Werkes die schickliche Zeit; so wird zur Zeit der Ferien eine Lectüre vorgenommen werden können, die während der Dauer der Vorlesung unzweckmäßig ist.

2 Man mache sich an die Lesung eines Buches ohne vorgefaßte Meinung.

3 Man durchlaufe die Inhaltsanzeige, um mit dem Ganzen und den Haupttheilen desselben oberflächlich bekannt zu werden.

4 Man sammle sich, ehe man zu lesen anfängt, und hüte sich während desselben vor Zerstreuung. Um gewiß zu sein, dass man mit Aufmerksamkeit lieset, unterbreche man sich zuweilen und frage sich, was man gelesen.

5 Man schreibe sich den Hauptinhalt des Werks kurz nieder (wo möglich in tabellarischer Form) und füge sein Urteil hinzu.

6 Man lese nicht zu viel auf einmal, dass man sich nicht mit einem halben Verstehen begnüge oder das Gelesene nicht zu eigen mache.

7 Man unterhalte sich mit seinen Freunden über das Gelesene.

8 Man lasse sich durch den schlechten Styl nicht abhalten, ein sonst wichtiges Werk zu lesen.

9 Man beharre nicht dabei, ein Buch zu Ende zu lesen, sobald man inne wird, dass das darin Gesagte von keinem erheblichen Nutzen sein könnte.

10 Man glaube nicht, dass eine einmalige, flüchtige Lectüre von Hauptwerken einer Wissenschaft, welche mühsameres Studium erfordern, hinreichend sei, sondern lese diese Werke in größeren Zwischenräumen mehreremal.

Quelle: Kiesewetter J. G.: Lehrbuch der Hodegetik oder kurze Anweisung zum Studieren. Berlin: 1811, Seite 205 ff

Und? Alle Tipps verstanden? Haben Sie einen Ratschlag ausgesucht, der für Sie bedeutend ist?

Dann kommt gleich der nächste Auftrag: Bitte übertragen Sie den ausgewählten Tipp in den Kasten, und beantworten Sie für sich die beiden Fragen:

Mein auserkorener Lesetipp:

Bitte erklären Sie mit eigenen Worten, was der Lesetipp für Sie bedeutet und warum er für Sie wichtig ist:

Und nun überlegen Sie bitte, wie Sie den Tipp beim nächsten Leseprojekt konkret umsetzen wollen. Wie wollen Sie vorgehen?

Kiesewetters Tipps kommen, wenn wir sie in den Lerntrainings vorstellen, immer gut an. Anfangs hat uns das überrascht. Bei der antiquierten Sprache und den an sich ›einfachen‹ Weisheiten hatten wir damit nicht gerechnet. Bei den Lernenden sind jedoch die Einheiten mit den Ratschlägen beliebt, weil es hier konkrete, handfeste Hilfestellungen gibt. Tipps eben!

Wir bitten die Teilnehmer – wie gerade eben Sie –, sich die Tipps anzuschauen und auszuwählen, welche Ratschläge für sie besonders hilfreich sein könnten. Vorausgesetzt natürlich, sie befolgten sie auch. Dann lassen wir die Lernenden ihre Auswahl vorstellen und definieren, wie sie mit Hilfe des Tipps vorgehen wollen, um ihren Leseerfolg zu steigern. Mit den Tipps als Ausgangsbasis kommen wir flott zu praktischen und konkreten Ergebnissen.

»Klingt gut«, werden Sie nun vielleicht denken. »Aber wo bitte finde ich eine solche Tippliste zu **meinem** Thema?« Leider hat Kiesewetter sein Werk auf Tipps zum Lesen beschränkt. Für manche Themen finden sich sicherlich ähnliche Sammlungen, nicht aber für alle. Vielleicht hilft da die zweite Variante der **Tippsuche** weiter:

Variante 2: Tipps herausschälen

Während bei der bereits vorgestellten Form den Lernenden die Tipps fertig serviert wurden, wird es nun schon ein wenig schwieriger für sie. Anstelle einer komprimierten Tippsammlung erhalten sie nun einen oder mehrere Texte aus Büchern oder Fachzeitschriften. Bei der Lektüre haben sie die Aufgabe, zu erforschen, welche Ratschläge die Autoren geben – ganz offen und deutlich oder versteckt zwischen den Zeilen. Aus den gefundenen Ratschlägen formulieren die Lernenden nun selbst griffige Tipps.

Probieren Sie auch das einmal aus.

Jetzt geht es nicht ums Lesen, sondern um die hohe Kunst des wissenschaftlichen Schreibens. Der Textauszug stammt aus einem Studienführer für Wirtschaftswissenschaftler.

Bitte lesen Sie den Text durch. Suchen Sie dabei gezielt nach Tipps und Anweisungen, die die Autoren darin geben. Bitte formulieren Sie möglichst klare Imperative. Zum Beispiel: »Achte darauf ...«, »Vergiss nicht ... « oder »Bedenke ...«.
Wir wünschen Ihnen eine erfolgreiche Tippsuche!

Entwerfen und Verwerfen

Schon während Sie exzerpieren, entstehen erste Bausteine eines Textes. Im Laufe der Quellenauswertung entwickeln sich immer mehr Gedanken für eine eigene Struktur und eigenständige Aussagen, so dass der Übergang von der Quellenauswertung (Forschung) zur eigenen Darstellung (Schreiben) fließend ist und die Arbeitsphasen ineinander übergehen.

Das Wesentliche der Schreibphase ist, dem Schreibfluss nachzugeben und ohne groß zu verbessern und an den Formulierungen zu feilen, die entstehenden Ideen zu Papier zu bringen. Oftmals wird beim Schreiben der bisherige Planungsprozess wieder in Frage gestellt bzw. wiederholt. Geplante Hauptthemen werden an den Rand gedrängt oder weggelassen oder man erkennt, dass eine zentrale Information für die Argumentation fehlt. Sobald dann der erste eigene Text steht, kann und muss nachgearbeitet werden.

Jetzt kennen einige kaum einen richtigen Schreibfluss aus der bisherigen Erfahrung oder hatten Mühe, in einen solchen zu kommen. Mangelnder Schreibfluss vermag indes behoben zu werden. Wenn noch genügend Zeit vorhanden ist, kann es beispielsweise hilfreich sein, mit dem Thema im Hinterkopf einmal Abstand vom Text zu nehmen und anderen Interessen nachzugehen. Über Nacht, nach einer anderen Lektüre, deckt man oftmals neue Perspektiven für die gestellten Fragen auf und findet Motivation für einen weiteren Entwurf. Zusätzliche Möglichkeiten sind, den eigenen Text oder eine Quelle für den Text einfach abzutippen oder komplexe Zusammenhänge aufzuzeichnen bzw. die bisherigen Textfragmente und Ideen neu zu ordnen oder zu Kategorien (Clustern) zusammenzuführen. So gerät man oftmals in den Schreibfluss und kommt über fehlende Ideen hinweg.

Zum Entwerfen gehört auch das Verwerfen. In dieser Phase ist es wichtig, das bisher Geschriebene kritisch zu überdenken und zu hinterfragen. Bei längeren Arbeiten ist es daher sinnvoll, zwischen der Entwurfsphase und dem Überarbeiten etwas Zeit verstreichen zu lassen, so dass auch mental der nötige Abstand geschaffen wird. Es geht nicht nur darum, den Text sprachlich auszufeilen und von Rechtschreib- und Grammatikfehlern zu befreien; es sind vor allem auch die Struktur, die Kernaussagen und die Argumente nochmals zu überprüfen. Es hilft dabei, vom Großen zum Kleinen vorzugehen. Folgende Fragen unterstützen Sie, ein kritisches Licht auf den Text zu werfen:

- Ist das Thema des Textes klar formuliert?
- Ist der Aufbau in dieser Art und Weise sinnvoll? Sind die Abschnitte richtig organisiert? Zieht sich ein roter Faden durch die Argumentation oder werden nur zahlreiche Aspekte an vielen unterschiedlichen Stellen kurz aufgegriffen?
- Sind die verwendeten die einschlägigen und aktuellen Quellen? Habe ich genügend Quellen, um meine Argumentation abzustützen?
- Ist der sprachliche Stil durchgängig und passend gewählt? Ist die Wortwahl mannigfaltig und treffend?
- Macht die visuelle Gestaltung einen professionellen Eindruck? Entspricht sie den Erwartungen der Leser? Wie müsste sie sein, damit diese übertroffen werden?

Wenn Sie beim eigenen aufmerksamen Lesen keine Verbesserungen mehr anbringen können, so versuchen Sie Folgendes: Formatieren Sie Ihren Text neu, indem Sie Schriftart, Spaltenbreite und Zeilenabstand verändern, drucken Sie ihn aus, und lesen Sie ihn erneut. Durch die veränderte Erscheinung ist Ihr Auge offener für Fehler, die Sie bislang übersehen haben. Es kann hilfreich sein, sich den eigenen Text in dieser Phase von jemandem, der ihn nicht kennt, vorlesen zu lassen. So erhält man einen Eindruck davon, wie er sich im Kopf eines Lesers anhören könnte, und man erhält Anhaltspunkte für die Revision. Man kann den Vorleser anschließend auch bitten, das Gelesene kurz zusammenzufassen, um zu überprüfen, wie viel von der Argumentation hängen geblieben ist.

Sie durchlaufen nun so lange mehrfach die verschiedenen Arbeitsphasen vom Recherchieren zum Argumentieren, bis Sie von der Struktur und der Sprache Ihres Textes überzeugt sind. Je höhere Ansprüche Sie für sich entwickelt haben und je mehr Sie sehen, desto häufiger werden Sie weitgehend unbewusst diesen Prozess durchlaufen, d. h. entwerfen und verwerfen. Entwerfen und Verwerfen ist folglich weniger ein Zeichen mangelnden Könnens als vielmehr Zeichen professionellen Arbeitens.

Quelle: Spoun, Sascha & Domnik, Dominik B.: Erfolgreich studieren – Ein Handbuch für Wirtschafts- und Sozialwissenschaftler, München: Pearson Studium, 2004, Seite 118, ff

Und? Ein paar Tipps gefunden? Ist auch für Sie der eine oder andere nützliche Ratschlag dabei?

Im Seminar hätten Sie und die anderen Teilnehmer nun die Gelegenheit, 1, 2 oder 3 der gefundenen Tipps vorzustellen und zu berichten, was Ihnen an diesem Ratschlag gut gefällt. In einer ersten Runde könnte das zum Beispiel so aussehen:

Franziska:
»Ich habe gefunden: Schreib los, ohne ewig zu verbessern, damit du in den Schreibfluss kommst!«

Markus:
»Auch bei meinem Tipp geht es um den Schreibfluss. Er lautet: Tipp deinen eigenen Text oder Quellen ab, um wieder in den Schreibfluss zu kommen.«

Birgit:
»Mir gefällt dieser Tipp ganz gut: Lass dir deinen Text von jemand anderem vorlesen. Beim Schreiben sitzt man immer und liest. Da stell ich es mir ganz angenehm vor, mal einfach zuhören zu können.«

Angelika:
»Die Idee, den Text neu zu formatieren, finde ich interessant. Mir geht es oft so, dass ich gar keine Fehler mehr finde, wenn ich den Text zum 10. oder 15. Mal lese. Würde mein Werk ganz anders aussehen, wäre das vielleicht wieder einfacher. Das will ich mal ausprobieren.«

Annette:
»Ich finde den Aufruf gut, sich zwischendurch auch mal Abstand vom Text und der Schreiberei zu gönnen. Das mache ich auch manchmal. Wenn ich ganz verzweifelt bin, dann sperre ich den Textentwurf in den dunklen Küchenschrank. Nach einem Nachmittag, einem Tag oder sogar einer Woche hole ich ihn wieder raus. Dann hat sich vieles gesetzt, und ich schaue mit anderen Augen darauf.«

Variante 3: Eigene Tipps backen

»Den Entwurf in den dunklen Küchenschrank sperren« – im Textauszug stand davon nichts. Dennoch eine gute Idee, die Annette da vorgestellt hat. Mit Tipps wie diesem, gebacken von den Teilnehmern selbst, wird bei der dritten Variante der **Tippsuche** gearbeitet. Die Lernenden haben die Aufgabe, einzeln, mit Partnern oder in kleinen Teams zu schauen, welche Ratschläge ihnen in der Praxis bereits geholfen haben oder welche Tipps hilfreich sein könnten. Das gelingt natürlich besonders dann gut, wenn die Teilnehmer bereits selbst praktische Erfahrungen mit dem Thema haben, für das nach Tipps gesucht wird. In Trainerausbildungen beispielsweise lassen wir die Referenten gegen Ende der Kurszeit Tipps für den Trainingsalltag entwickeln, vorstellen und diskutieren. Dabei werden hilfreiche Ratschläge wie diese kreiert:

Schweigen ist Gold

»Als Referent rede ich viel. Zu meinem Job zählt andererseits auch zu schweigen. Zum Beispiel dann, wenn ich Denkfragen oder Aufgaben an die Gruppe stelle. Für mich sind die Antworten meist klar – die Leute aber müssen erst mal nachdenken. Und so lange schweige ich!«

Impulsfragenliste

»Vor dem Seminar überlege ich mir zu jedem Baustein ein paar spannende Fragen, die ich an die Lernenden stellen kann. Später kann ich die vorbereiteten Fragen je nach Bedarf einsetzen.«

Auch ich lerne weiter!

»Ich kann noch so sehr im Thema stehen – alle Fragen der Teilnehmer werde ich nie beantworten können. Das ist auch gut – so bleiben die Seminare auch für mich spannend. Was kann ich mit offenen Fragen tun?
- In die Runde weiterreichen,
- eine Liste mit ›ungeklärten Fragen‹ eröffnen,
- in der Pause, über Nacht oder im Anschluss an das Seminar Antworten suchen.«

15 Tippsuche

In meinem Seminar, da bin ich Kapitän!

»Ein wichtiger Kapitänsgrundsatz lautet: ›Frage nie die Gruppe, was sie will!‹ – Zumindest dann nicht, wenn es um Banalitäten wie die Mittagspause geht!«

Bei dieser Variante entstehen aus den Reihen der Teilnehmer vielseitige, praktische Tipps, über die sich zum Teil vortrefflich diskutieren lässt.

16 Drehen und Wenden   anregend • streitbar • fordernd

Ziel:

Theoretische Zusammenhänge selbständig erarbeiten.

Kurz beschrieben:

Die Teilnehmer erhalten in Teams auf einzelnen Karten zentrale Begriffe eines (typischerweise wissenschaftlichen) Modells oder einer Theorie. Sie haben die Aufgabe, die Karten zu ordnen und ihr Ergebnis vorzustellen und zu begründen.

Material:

Beschriftete Karten, Klebeband, Pins

Dauer:

Drehen und Wenden: 5 bis 10 Minuten
Vorstellung der Ergebnisse und Diskussion:
10 bis 15 Minuten

Vorbereitung:

Geeignetes Thema auswählen, Karten beschriften

Bei der Industrie- und Handelskammer bereiten sich 14 Teilnehmer auf die Ausbildereignungsprüfung vor. Abends und an Wochenenden befassen sich die fleißigen Damen und Herren ein halbes Jahr lang mit Fragen rund um die betriebliche Ausbildung: Zum Beispiel geht es um Rechte der Azubis, um die Zusammenarbeit im Dualen System und natürlich auch um Didaktik und Methodik erwachsenen Lernens. Schließlich sollen die angehenden Ausbilder später unterrichten und Azubis betreuen. Am heutigen Abend stehen Grundlagen der Lernpsychologie auf dem Programm. Die Seminarleiterin erklärt:

»Manchmal ist es mit dem Lernen wie verhext. Sie knien sich in ein Thema rein, lernen und pauken. Und dann stellen Sie fest, dass die Sache doch nicht wie gewünscht sitzt. Irgendwie hat es mit dem Lernen nicht hingehauen. Aber woran es genau liegt, können Sie kaum beschreiben. So geht es vielen Lernenden – vielleicht auch Ihnen – leider immer wieder. Heute möchte ich Ihnen 8 Schritte vorstellen, auf die es beim Lernen – und gleichermaßen natürlich auch beim Lehren – ankommt. Mit Hilfe des Lernmodells, das Sie gleich kennen lernen werden, können Sie schrittweise herausfinden, wo genau die Schwierigkeiten liegen. Das Lernmodell der Informationsverarbeitung beschreibt zwei Phasen des Lernens: Die rezeptive und die expressive Phase. Anstelle der Fachbegriffe sprechen wir auch gerne von Prozessen des Ein- und Ausatmens.«

16 Drehen und Wenden

Nun könnte die Trainerin den Teilnehmern die 8 Lernschritte vorstellen. Ihr selbst würde das großen Spaß machen, schon weil das Lernmodell eines ihrer Lieblingsthemen ist und sie leidenschaftlich gerne darüber referiert ... Im Laufe der Jahre hat sie aber einen anderen Weg entwickelt: **Drehen und Wenden.**

In ihrer Hand hält sie zwei Pakete mit Karten, auf denen die verschiedenen Lernschritte stehen. Sie erklärt:

»Ich habe Ihnen die 8 Lernschritte hier auf Karten mitgebracht. Ein Paket für diejenigen, die an der Fensterseite sitzen und ein Paket für die an der Türseite. Sie haben folgende Aufgabe: Bitte ziehen Sie sich mit Ihrem Team zurück. Schauen Sie sich die Karten an. Überlegen Sie, welche Schritte zur rezeptiven, welche zur expressiven Phase gehören und wie sie aufeinander folgen. Drehen und wenden Sie die Karten so lange, bis Sie mit Ihrem Modell zufrieden sind. Pinnen Sie Ihr Lernmodell dann an einer Moderationswand an. Anschließend bitte ich Sie, Ihre Lösung vorzustellen. Für jedes Team steht eine Moderationswand bereit. Versammeln Sie sich einfach hinter der Wand, dann können Sie ungestört überlegen und pinnen.«

Von den neugierigen Blicken der anderen Gruppe durch die Pinnwand geschützt, schauen sich die Teams nun die Karten an.

16 Drehen und Wenden

Haben auch Sie Lust mitzumachen? Hier sehen Sie die 8 Schritte, allerdings auch für Sie noch ungeordnet:

Bitte schauen Sie sich die Tätigkeiten an. Was meinen Sie? In welcher Abfolge verläuft der Lernprozess?

4 Schritte gehören dabei zum Einatmen, 4 zum Ausatmen. Ihre Lösung können Sie auf der gegenüberliegenden Seite notieren. Los geht's!

übertragen

verankern

erinnern

interessieren

verarbeiten

wiedergeben

anwenden

wahrnehmen

16 Drehen und Wenden

anregend • streitbar • fordernd

Hier haben Sie Platz für Ihre Variante:

Einatmen	Ausatmen

Nach 5 bis 10 Minuten – je nach Eifer der Teilnehmer – werden die Teams wieder zurückgerufen.

»Ich bitte Sie nun, Ihr Modell vorzustellen und zu begründen. Bitte berichten Sie uns, bei welchen Schritten Sie sich schnell einig waren, wo es in Ihrem Team vielleicht unterschiedliche Meinungen gab, und wie Sie schließlich zu Ihrer Lösung kamen.«

Das Fensterteam beginnt: »Also, bei uns sieht das so aus: Los geht's mit **wahrnehmen** und **interessieren**. Hier gab es sehr unterschiedliche Ansichten. Die einen – vor allem eigentlich ich – waren der Meinung, dass man erst wahrnehmen müsste, bevor man sich überhaupt für etwas interessieren kann. Die anderen – ganz besonders der Robert – finden, dass die Wahrnehmung vom Interesse abhängt. Deshalb hängt hier **interessieren** vor **wahrnehmen**.

Einig waren wir uns bei den nächsten beiden Schritten: **verarbeiten** und **verankern**. Klar, erst muss das Neue verschafft und vernetzt werden, dann wird's gefestigt. Weiter geht's beim Ausatmen. Wir finden, dass es nur eine mögliche logische Folge gibt: **erinnern**, **wiedergeben**, **übertragen** und **anwenden**.«

Nun stellt das Türteam seinen Entwurf vor. Die Spannung ist groß. Wo sind Übereinstimmungen, wo sind Unterschiede? Ganz automatisch entwickelt sich meistens eine Diskussion über die beiden Versionen. Dabei geht das Drehen und Wenden auf der Suche nach einer gemeinsamen Lösung oft noch einmal weiter. Das dauert in der

16 Drehen und Wenden

Regel so lange, bis einer der Teilnehmer uns anspricht und fragt: »Na, welche Lösung stimmt denn nun? Wie ist es wirklich?«

Als wir mit **Drehen und Wenden** begannen, waren wir zunächst oft überrascht, wie wenig wir klar stellen und erläutern mussten. Die Teilnehmer hatten sich das Modell erfolgreich selbst erarbeitet und erklärt. Das meiste war gesagt. Die richtigen Fragen waren gestellt, Zweifel waren erwähnt und durchdacht worden. Unsere Aufgabe war, als ›Kenner‹ des Modells anschließend zu beschreiben, wie die Wissenschaftler die Abfolge der Schritte sahen, und dies zu begründen. Das Wesentliche aber war zuvor passiert: Die Lernenden hatten sich mit dem Modell auseinander gesetzt, sie hatten es sich selbst erschlossen – und damit die Chance erhöht, dass sie die abstrakten Begriffe behalten und anwenden würden.

Sind Sie gespannt, in welcher Reihenfolge die Forscher die 8 Lernschritte sehen? Hier kommt das geordnete Modell:

Bei allen Arbeitsschritten – also beim Drehen und Wenden, bei der Vorstellung der Modelle durch die Teams und bei der anschließenden Klärung und Diskussion, beobachten wir: Die Lernenden sind wach und engagiert dabei. Viel wacher, als wenn wir das Modell selbst noch so gekonnt erklärt hätten.

103

16 Drehen und Wenden

anregend • streitbar • fordernd

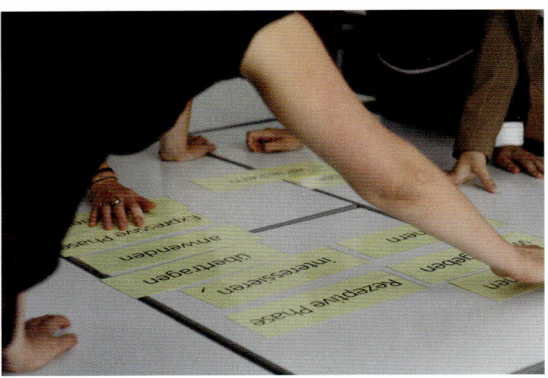

Manchmal stellt sich bei der Auswahl des Stoffes, der sich für **Drehen und Wenden** eignet, die Frage des passenden Schwierigkeitsgrades. Was, wenn die Aufgabe viel zu einfach ist? Die Leute werfen einen kurzen Blick auf die Karten und ordnen die Teile ohne jegliche Anstrengung. Oder die Aufgabe ist viel zu schwierig. Die Lernenden sind überfordert und werden ungeduldig.

Um die passende Herausforderung zu finden, lohnt es sich, Familie und Freunde vorher einmal zum **Drehen und Wenden** antreten zu lassen.

Im Seminar selbst können Sie auch zwei oder drei verschiedene Schwierigkeitsgrade anbieten. Am Beispiel des Lernprozesses könnte das so aussehen:

Schwierigkeitsgrad 1:

Die Karten der rezeptiven Phase unterscheiden sich farblich von denen der expressiven Phase. Dadurch wird die Sache erheblich einfacher!

Schwierigkeitsgrad 2:

Wie oben im Beispiel: Alle Karten haben die gleiche Farbe.

Schwierigkeitsgrad 3:

Die Karten sind leer. Die Teilnehmer sollen selbst herausfinden, welche Schritte wohl zu den beiden Phasen des Lernprozesses gehören.

Bei ganz kniffligen Themen bietet sich auch an, die Lernenden noch nicht zur Einführung in den Lernstoff, sondern erst zur Wiederholung drehen und wenden zu lassen.

17 Frischhaltequiz

gesellig • herausfordernd • kurzweilig

Ziel:

Die Teilnehmer wiederholen und trainieren behandelten Lernstoff selbständig.

Kurz beschrieben:

In kleinen Gruppen sitzen die Teilnehmer an Tischen. In der Mitte liegt ein Spielplan mit Figuren, Würfeln und Quizkarten. Wie bei Monopoly decken die Lernenden auf Ereignisfeldern Quizkarten auf: Mit kniffligen Fragen und knackigen Fallaufgaben zum behandelten Seminarthema.

Material:

Tische und Stühle, Spielpläne, Spielkarten, Würfel, Spielfiguren

Dauer:

30 bis 50 Minuten

Vorbereitung:

Fragen und Aufgaben formulieren und auf Karten schreiben, Spielplan entwickeln

12 Mitarbeiter einer sächsischen Firma polieren in einem Crashkurs seit zwei Tagen ihr Englisch auf. Die Geschäftsführung plant, nun auch im Ausland zu expandieren: Also ist bei den Sachsen Büffeln angesagt. Heute standen die verschiedenen Zeitformen auf dem Programm.

Für die meisten Teilnehmer war es eine Begegnung mit alten Bekannten (allerdings waren die nicht bei allen gleichermaßen in guter Erinnerung …): past tense, present perfect, going to und viele weitere … Den Vormittag über ging die britische Sprachtrainerin mit der Gruppe eine Zeitform nach der anderen durch. Das war ein strammes Programm. Seit 20 Minuten geht es in Beispielfällen jetzt schon um knifflige Sonderfälle. Die Seminarteilnehmer sind unsicher – und zunehmend verwirrter. Ein Teilnehmer meldet sich:

»Sorry, aber bevor wir an so kniffligen Fällen weitermachen, brauche ich erst noch einmal Zeit, um all das, was wir heute mit den Zeiten gelernt haben, durchzugehen. Das muss sich doch erst mal setzen. Sonst komm ich noch total durcheinander.«

17 Frischhaltequiz

Die erfahrene Trainerin macht der Gruppe folgendes Angebot:

»Okay, die Sache mit den Zeiten ist ganz schön verwirrend. Wir haben heute auch schon eine Menge besprochen. Ich schlage vor, wir machen eine kurze Pause. Während Sie Luft schnappen, bereite ich hier ein Frischhaltequiz für Sie vor. Nach der Pause können Sie dabei die besprochenen Zeiten noch einmal durchgehen und festigen. In 15 Minuten geht's los.«

Die Teilnehmer kehren zurück. Im Raum hat sich einiges verändert. Tische und Stühle sind verrückt. Wo vorher die Tischreihen waren, stehen jetzt – weit verteilt im Raum – drei Spieltische mit je vier Plätzen. Auf jedem Tisch liegen ein Spielplan, Spielkarten, Würfel und Figuren.

»Willkommen zurück. Hier erwartet Sie ein Frischhaltequiz, bei dem Sie noch einmal auffrischen und vertiefen können, was Sie heute gelernt haben. Bitte verteilen Sie sich in drei Gruppen an den Spieltischen. Auf jedem Tisch finden Sie einen Spielplan. Die Quizregeln sind ganz einfach: Jeder bekommt eine Spielfigur, reihum wird gewürfelt. Wann immer Sie auf einem Ereignisfeld landen, ziehen Sie eine Quizkarte. Was dann zu tun ist, steht auf der Karte. Los geht's!«

Viel mehr erklären wir meist gar nicht. Aus den Spielmaterialien entwickeln die Leute meistens flott ihre eigenen Regeln. Während die einen nur dann eine Karte ziehen, wenn der Spieler tatsächlich auf einem Ereignisfeld landet, ziehen andere Gruppen von sich aus bei jedem Zug. Während manchen Teilnehmern wichtig ist, im Laufe des Spiels einen Gewinner zu ermitteln, nutzen andere das Spiel nur nebenbei. Manchmal erleben wir, dass 3, 4 Teams, die parallel spielen, das **Frischhaltequiz** mit ganz unterschiedlichen Regeln spielen.

Ganz gleich, welche Spielregeln die Teilnehmer für sich vereinbaren, das **Frischhaltequiz** bietet die Chance, den bearbeiteten Stoff zu wiederholen und zu festigen.

17 Frischhaltequiz

Im Englischtraining könnten die Teilnehmer
zum Beispiel diese Fragen erwarten:

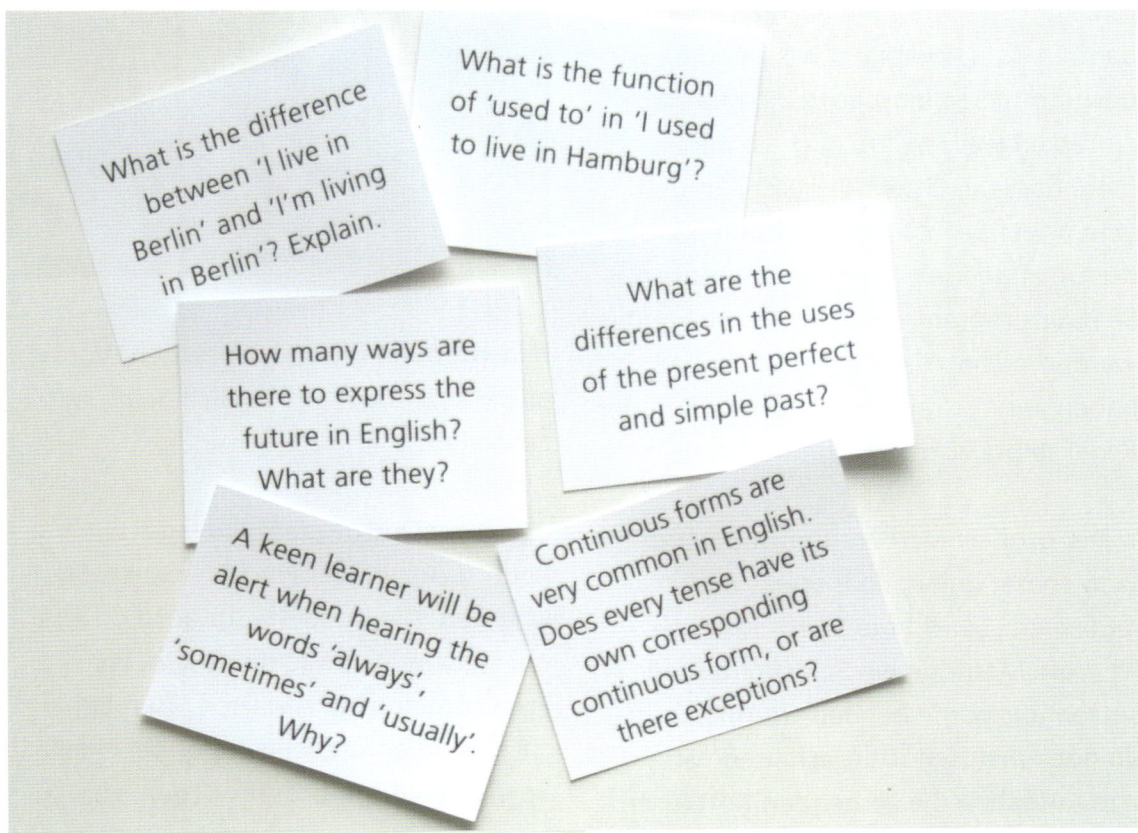

What is the difference between 'I live in Berlin' and 'I'm living in Berlin'? Explain.

What is the function of 'used to' in 'I used to live in Hamburg'?

How many ways are there to express the future in English? What are they?

What are the differences in the uses of the present perfect and simple past?

A keen learner will be alert when hearing the words 'always', 'sometimes' and 'usually'. Why?

Continuous forms are very common in English. Does every tense have its own corresponding continuous form, or are there exceptions?

Bunt durcheinander werden die Seminarinhalte so noch einmal wachgerufen und aufgefrischt. Ins Quiz bauen wir außerdem gerne auch erste Übertragungs- und Anwendungsaufgaben ein. Die fordern die Teilnehmer auf, das Gelernte in die Praxis oder in andere Kontexte zu übertragen.

Zum Beispiel diese:

Let's stop and take stock. Take it in turns around the table to name the tenses and usages. You should be able to find at least 16.

Let's get down to business. All the other players have 77 seconds each to come up with one sentence each, which they will put to you in turns.

17 Frischhaltequiz

Zugegeben: Es ist ein rechter Aufwand, die Fragen für das **Frischhaltequiz** zu formulieren. Den nehmen wir vor allem dann in Kauf, wenn wir wissen, dass wir bestimmte Seminarbausteine mehrfach einsetzen werden. Tröstlich ist außerdem, dass die Entwicklung der Fragen eine prima Seminarvorbereitung ist. Um die Quizfragen zu formulieren, muss das Seminarprogramm genau durchkämmt werden. Wenn alle Fragen fertig sind, haben wir als Trainer den Lernstoff in der Regel selbst wieder aufgefrischt …

Der größere Vorbereitungsaufwand wird später im Seminar etwas ausgeglichen: Sobald die Teams loslegen, ist diese Methode ein Selbstläufer. Wir setzen uns gerne bei den Gruppen mit an den Spieltisch. Dort erfahren wir, welche Aufgaben die Lernenden flott lösen und bei welchen Fragen sie unsicher sind. Das ein oder andere Problem kön-

nen wir dann gleich besprechen. Vor allem aber macht es einfach Spaß, mitzuspielen!

Für die Quizrunde kalkulieren wir – je nach Anzahl der Fragen – 30 bis 50 Minuten. Die Dauer hängt auch davon ab, welche Aufträge die Spieler im **Frischhaltequiz** erwarten. Zum Beispiel könnten die Teilnehmer bei einer Spielkarte aufgefordert werden, zu einem der Themen eine **A bis Z-Liste** (Methode 6) anzufertigen, oder – wie bei der **Tempo-Thesen-Runde** (Methode 1) – reihum zu bestimmten Aussagen Stellung zu nehmen. Mit solchen Aufgaben werden Sie ein wenig mehr Zeit einplanen müssen.

Noch eine Variante: An Ihrer Stelle können die Teilnehmer selbst die Quizfragen entwickeln …

18 Dingfest machen

Ziel:

Beim Einstieg in neue Themen bereits vorhandenes Wissen und Erfahrungen der Teilnehmer abrufen.

Kurz beschrieben:

Die Teilnehmer berichten über ihre Assoziationen und Erfahrungen zum Thema. Sie tun dies, indem sie einen Gegenstand wählen, der für sie symbolisch für ihre Verbindung zum Thema steht.

Material:

2 bis 3 Gegenstände pro Teilnehmer

Dauer:

Bei 10 Teilnehmern ca. 15 Minuten

Vorbereitung:

Gegenstände aussuchen, zum Seminarort schleppen und auslegen

Für den Startschuss zu einem neuen Thema legen Sie im Raum – in der Mitte auf dem Boden, am Rand auf Tischen oder vorn auf dem Pult – eine große Anzahl von Gegenständen aus. Ihre Auswahl hat zunächst keine erkennbare Verbindung zum Thema.

Sammeln Sie zu Hause in der Küche (z. B. Schneebesen, Teebeutel, Korken-zieher), im Wohnzimmer (z. B. Kerze, Fernbedienung, Gedichtband), im Bad (z. B. Rasierklinge, Handspiegel, Seife),

in Keller und Garage (z. B. Luftpumpe, Schwimmflügel, Zange). Schauen Sie auch, was Ihnen im Büro in die Hände fällt. Schnappen Sie sich Tageszeitung, Wecker und Halsbonbons aus Ihrer Hand- oder Arbeitstasche. Um eine gute Auswahl zu bieten, sollten Sie pro Teilnehmer 2 bis 3 Gegenstände einpacken.

Was soll mit den Gegenständen passieren?

Die Sammlung weckt das Interesse der Lernenden und hat ein klares Ziel: Über die Alltagsgegenstände wollen Sie herausfinden, welche Erfahrungen, welche Kenntnisse, welche Meinungen die Lernenden zum neuen Thema haben.

18 Dingfest machen

Im Selbstmanagement-Seminar erklären Sie zum Beispiel:

»Heute widmen wir uns Ihrem Zeitmanagement. Wir werden verschiedene Techniken kennen lernen. Bevor wir uns diese anschauen, blicken wir auf Ihre persönlichen Erfahrungen mit der Zeitplanung. Wie läuft das bei Ihnen? Um ein erstes Bild zu bekommen, haben Sie folgende Aufgabe: Sie sehen hier eine bunte Sammlung von Gegenständen. Schauen Sie sich die Dinge an, und wählen Sie einen Gegenstand aus, der symbolisch für Ihre Zeitplanung steht. Wenn alle ihren Gegenstand gefunden haben, stellt nacheinander jeder seine Wahl vor.«

Die Teilnehmer machen sich nun auf die Suche. Manche sind eher irritiert, andere wählen zielsicher einen Gegenstand, andere zögern unentschlossen. Wer kein Symbol gefunden hat, darf die Frage nach dem Umgang mit der Zeitplanung nachher auch einfach so beantworten. Bei einer großen Auswahl an Gegenständen und einer guten Fragestellung (einerseits so konkret, dass alle das gleiche Suchziel haben – andererseits so offen, dass Raum für Phantasie bei der Symbolsuche bleibt) erleben wir das aber selten.

Die Runde beginnt. Kevin ist der Erste: »Ich habe mir diese Kelle hier genommen. Schaffner haben solche Teile. Ich finde, mit Zeitplanung ist es wie mit der Bahn. Mit Verzögerungen muss man immer rechnen. Du kannst noch so gut planen, irgendwas kommt eben immer dazwischen. Das heißt nicht, dass ich mir keinen Fahrplan mache. Vielmehr versuche ich mit Verzögerungen gelassen umzugehen. Das sollten manche Bahnkunden auch tun!«

18 Dingfest machen

Anna hält ein langes Seil in die Höhe: »Ich finde, Kevin hat Recht. Man muss immer mit Veränderungen rechnen. Vor allem deshalb, weil ich nicht die Einzige bin, die Einfluss auf meine Zeitplanung hat. Das Seil steht dafür, dass viele andere an mir und meiner Zeiteinteilung ziehen, manchmal übel zerren. Darauf müssen die Methoden zur Zeitplanung Rücksicht nehmen!«

So wird die Runde fortgesetzt. Über die Gegenstände und die Antworten der Teilnehmer werden häufig viele zentrale Aspekte und Prinzipien klar, um die es im weiteren Seminarverlauf gehen wird. Wenn alle Teilnehmer ihre Symbole vorgestellt haben, fragen wir gerne in die Runde:

»Wenn Sie sich die Antworten noch einmal in Erinnerung rufen, welche Gemeinsamkeiten (oder welche Unterschiede) sehen Sie?«

Dingfest machen bietet so einen guten Einstieg in ein neues Thema. Die Methode eignet sich vor allem für Themen, die die Lernenden mit konkreten Erlebnissen, Erfahrungen und Einstellungen verbinden können.

Und: Ganz nebenbei ist es auch ein prima Weg für alle Beteiligten, um sich Namen und Gesichter der Teilnehmer einzuprägen. Denn der gewählte Gegenstand und die Schilderungen der Personen bleiben oft gut in Erinnerung. (Kevin war der mit der Kelle und dem Gelassenheitsrat an Bahnkunden, Anna hatte das Seil, an dem alle zerren …)

19 Beutebuch

Ziel:

Wichtige Seminarinhalte dokumentieren.

Kurz beschrieben:

Jeder Teilnehmer erhält ein leeres Schreibheft. Regelmäßig gibt es im Seminarverlauf Schreibzeiten, in denen die Teilnehmer ihre wichtigsten Erkenntnisse, Fragen und Ideen in ihren Beutebüchern notieren können.

Material:

Beutebuch für jeden Teilnehmer

Dauer:

Pro Beutezug 5 Minuten

Vorbereitung:

Hefte kaufen, gestalten, produzieren; Schreibpausen im Seminarverlauf einplanen

Für Bernhard, Jendrik und Bianca wurde vom Abteilungsleiter eine Computertrainerin engagiert. Die drei sollen neue Word-Funktionen lernen, um Texte künftig noch schneller und

effizienter formatieren zu können. Schon nach kurzer Zeit sind sie begeistert. Was man allein mit der Taste ›F12‹ alles anstellen kann! Wussten Sie zum Beispiel, dass sich mit ›F12‹ plus ›Umstelltaste‹ ganz fix das geöffnete Dokument speichern lässt? Und mit ›F12‹ plus ›Steuerung‹ landen Sie ohne Mausklick im Fenster ›Datei öffnen‹, um mal eben in eine weitere Datei zu springen! Aber das Beste kommt jetzt: Wenn Sie Ihr Werk vollendet haben, dann hüpfen Sie mit ›F12‹, ›Steuerung‹ und ›Umstelltaste‹ zackig in das Fenster für den Druckauftrag. Nach nur einem weiteren OK-Klick rattert Ihr fertiges Werk aus dem Drucker. Wahnsinn! Viele weitere zeitsparende Tipps lernen die drei im Seminar kennen. Mit ihrer Beute sind sie hochzufrieden.

Beim ersten Mittagessen trumpfen sie gegenüber den Kollegen in der Kantine bei Reis und Kalbsragout mit ihren neu gelernten Lieblingsfunktionen auf. Zwischen zwei Happen erklärt Bianca:

»Was ich an diesem Kurs wirklich gut finde, ist die Sache mit dem Beutebuch. Gut, dass wir das haben und ich die wichtigen Arbeitsschritte und Ideen gleich aufschreiben kann und zwar so, wie ich es brauche. Das Skript, das die Trainerin verteilt hat, ist nicht schlecht.

Aber bis ich da später finde, was ich
suche, das dauert ewig. Mit meinen
eigenen Aufzeichnungen im Beutebuch
komm' ich da viel besser klar. Super, dass
wir hier immer wieder Zeit zum Aufschreiben haben.«

Was es mit den Beutebüchern auf
sich hat, erklärte die Trainerin gleich zu
Beginn:

»Im Seminar werde ich Ihnen viele
Formatierungsmöglichkeiten für Word
vorstellen. Das meiste werden wir auch
gemeinsam ausprobieren. Die Erfahrung
aber ist die: Nach nur einmaligem Testen
ist die Sache noch nicht gelernt. Vieles
von dem, was Sie hier kennen lernen,
wollen Sie ja morgen, nächste Woche
und in 3 Monaten auch noch nutzen
können. Damit das gut gelingt, habe ich
für jeden ein Beutebuch mitgebracht.«

Über die Bildschirme hinweg verteilt
die Trainerin glänzende DIN-A5-Hefte.
Auf der Titelseite steht ›PC-Training – Ihr
Beutebuch‹. Die drei blättern und sind
erstaunt: Die Hefte sind leer …

»Sie sehen schon, noch sind Ihre Bücher
leer. Noch haben Sie hier ja auch keine
Beute gemacht. Heute und morgen aber
werden Sie die Hefte mehr und mehr
füllen: mit allem, was für Sie interessant
und wichtig ist. Ich werde Ihnen nach
allen wichtigen Schritten Zeit lassen,
Ihre eigenen Notizen zu machen. Sollte
es einmal doch zu schnell gehen, dann
melden Sie sich einfach.«

Immer wieder gibt es im Seminarverlauf kleinere und größere Schreibpausen, in denen die Teilnehmer ihre
Beute sichern können. Die regelmäßigen
Schreibzeiten sind Voraussetzung für die
Arbeit mit den Beutebüchern. Sie sollten
schon bei der Konzeption des Seminars
eingeplant (und vom zeitlichen Aufwand
her nicht unterschätzt) werden.

Diese Schreibzeit investieren wir aber
gerne – **gerade** in Seminaren, in denen wir bei einem flotten Arbeitstempo
große Stoffmengen vermitteln wollen.
Entgegen dem Drang, möglichst viel

113

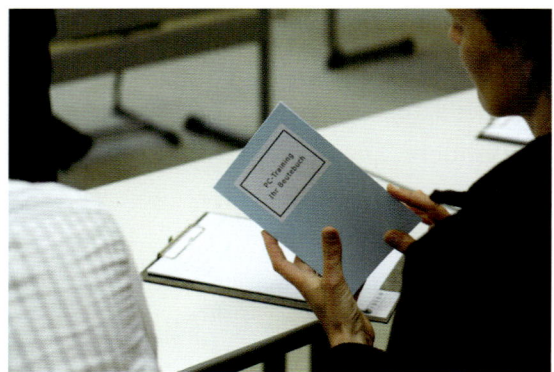

in möglichst kurzer Zeit zu behandeln, verlangsamen die Beutebücher durch die regelmäßigen Schreibpausen das Seminartempo. Diese ›Pausen‹ sind jedoch keine verlorene Zeit: Teilnehmer, die ihre Beutemitschrift machen, durchdenken und verarbeiten den Stoff noch einmal. Mit eigenen Worten geben sie das Gelernte im Beutebuch wieder: Beim Schreiben überprüfen viele Teilnehmer für sich selbst noch einmal genau, ob sie die Sache wirklich verstanden haben, ob sie über alle nötigen Informationen verfügen. Deutlich wird das durch die konkreten Fragen, die während und nach den Schreibzeiten häufig gestellt werden. Unsere Erfahrung: Wer mitschreibt, will es noch einmal **genau** wissen.

Beutebücher setzen wir vor allem in den Seminaren ein, in denen wir die Teilnehmer mit konkreten Techniken, Tipps und Anleitungen für ihren Berufsalltag versorgen. Beispielsweise bei einem PC-Kurs. Auch in unseren Lehrmethodenworkshops arbeiten wir damit: Dort erhalten die Teilnehmer zwar zu vielen der Methoden ausführliche Beschreibungen. Dennoch halten wir die Lernenden an, ihre **eigenen** Mitschriften im Beutebuch anzufertigen.

Als Methodenjäger und -sammler haben Sie wahrscheinlich auch schon die folgende Erfahrung gemacht: Sie hören in einem Kurs von einer pfiffigen Methode. Vielleicht wird das Verfahren im Seminar sogar live erprobt. Und vielleicht bekommen Sie sogar auch eine (mehr oder weniger gute) Beschreibung als Kopie. 3 Wochen später wollen Sie diese Methode einsetzen. Und bei der Planung merken Sie, dass Sie sich nur noch schlecht an manche Feinheiten erinnern. Auch das Skript gibt wenig Auskunft darüber – oder ist sogar unverständlich und verwirrend. Wir sind davon überzeugt, dass die Chancen, die Methoden später problemlos anwenden zu können, wesentlich besser stehen, wenn die Teilnehmer selbst mitschreiben. Denn schon während sie ihre Zusammenfassungen formulieren, übertragen sie die Anleitungen in ihre Sprache. Sie notieren insbesondere das, was für **sie** wichtig ist.

19 Beutebuch

Bei Bianca hat es mit dem **Beutebuch** gut funktioniert. Zum Abschluss ein Blick in ihre (lehrreichen) Seiten.

Schöne Beutebücher für Ihre Kurse können Sie unter www.orbium.de bestellen.

Funktionstasten:

Zum Lernen kann ich mir für ein paar Wochen die Wirkungen der verschiedenen Funktionstasten am unteren Bildrand einblenden. Anleitung dazu: Word-Hilfe (am schnellsten über F1).

F1: So komme ich zur Word-Hilfe!

F4: Wiederholen eines Vorgangs. Man kann ganze Absätze einfach noch mal ausspucken. Damit muss ich unbedingt tüfteln.

F5: Direkter Weg zum Menupunkt "Gehe zu". In langen Texten kann ich ganz schnell auf Seiten springen. Ohne ewig scrollen zu müssen.

F8: Markieren: Das ist cool. Je öfter ich auf F8 drucke, desto mehr wird markiert. Erst ein Zeichen, dann ein Wort, dann eine Zeile, ein ganzer Text.

20 Schnattern
laut • kommunikativ • einfach

Ziel:

Thematischer Austausch unter den Teilnehmern zur Vertiefung, Diskussionsvorbereitung, Aufgabenbearbeitung oder Wiederholung.

Kurz beschrieben:

Die Teilnehmer tauschen sich mit einem Nachbarn zu einer oder zu mehreren Leitfragen aus.

Material:

Keines
Bei Variante ›Kugellager‹: Stühle und ausreichend Platz

Dauer:

Pro Gespräch 2 bis 3 Minuten

Vorbereitung:

Fragen formulieren

42 Studenten haben sich im Sommersemester an der Uni beim Studiengang Kriminologie für das Seminar »Neuere Entwicklungen in der Kriminalitätskontrolle« entschieden. Das Thema der heutigen Veranstaltung lautet »Videoüberwachung im öffentlichen Raum«. Mitten im kriminologischen Seminar unterhalten sich Anja und Christopher schon seit 3 Minuten unüberhörbar:

Anja:

Aber was soll das denn bringen, alle zu beobachten? Was dabei für Datenmüll produziert wird, den sich eh keiner ansieht. Ich habe gehört, dass sowieso niemand das Geschehen mitverfolgt. Die Bänder werden nur bei Bedarf angesehen.

Christopher:

Naja, ich glaube schon, dass es das Sicherheitsgefühl der Leute stärkt, wenn sie wissen, dass an dieser oder jener Stelle beobachtet wird.

Anja:

Bei mir löst das ganz andere Gefühle aus. Zum Beispiel habe ich Angst, dass wir damit einem Überwachungsstaat immer näher kommen. Big brother is watching you. Wo bitte darf man sich denn noch unbeobachtet fühlen?

116

Christopher:

Ich weiß nicht, ist das nicht ein bisschen überängstlich? Wenn man nichts zu verbergen hat, dann machen doch die Kameras nichts aus.

Anja:

Aha, du befürwortest dieses staatliche ›Spannen‹ auch noch?
Und wie würdest du es finden, wenn man in allen Räumen deiner Wohnung Kameras anbringt und dich überwacht, wo du doch nichts zu verbergen hast?

Christopher:

Da spricht ja genau die Richtige! Wer versucht denn bei abendlichen Spaziergängen in jedes Fenster zu schauen, das nicht zugezogen ist?

Anja:

Das ist ja wohl was ganz anderes!

Jetzt werden sie vom Dozenten freundlich unterbrochen.

»Ich bitte Sie, dann langsam zum Ende Ihrer Unterhaltung zu kommen.«

Der Kriminologe muss mehrere Anläufe nehmen, bis er Anja, Christopher und die anderen 20 schnatternden Paare zum Schweigen gebracht hat. Denn sein Auftrag wurde von den Studenten engagiert aufgenommen. Er hatte ihnen erklärt:

»Nachdem ich Ihnen über den Stand der Dinge der kriminalpräventiven Maßnahmen durch Videoüberwachung berichtet habe, bitte ich Sie zu überlegen, wie Sie selbst dazu stehen. Bitte tun Sie sich mit einem Nachbarn zusammen. Tauschen Sie sich mit Ihrem Partner über Sinn oder Unsinn von Überwachungskameras auf öffentlichen Straßen und Plätzen aus. Überlegen Sie, wo Sie die Grenzen dieser Überwachung sehen.«

Nach kurzem Blickkontakt hatten sich alle Paare gefunden. Das Schnattern schwoll allmählich an. Die Dialoge begannen. Inzwischen ist es wieder still geworden. Der Referent bittet die Teilnehmer zunächst zu berichten, welche Standpunkte **für** kriminalpräventive Maßnahmen durch Videoüberwachung gesammelt wurden. Teilnehmer aus mehreren Paaren beteiligen sich. Die meisten Beiträge sind prägnant formuliert. Denn in den vorangegangenen Kurzgesprächen hatten die Lernenden Gelegenheit, ihre Gedanken zu sortieren. Jetzt fällt es den meisten leicht, ihre Argumente präzise zu formulieren. Die Sammlung der Vorteile, Nachteile und Gefahren sowie die anschließende Diskussion werden auf hoher Ebene geführt.

Schnattern eignet sich hervorragend, um Stoffsammlungen, Erörterungen und Diskussionen durch die Teilnehmer vorbereiten zu lassen. Wir setzen die Technik vor allem dann ein, wenn es – wie im Beispiel – um die persönlichen Haltungen, die Standpunkte und Positionen der Teilnehmer geht. In der großen Runde käme nur ein Teil der Lernenden zu Wort. Schnatternd sind alle Teilnehmer zeitgleich aufgefordert, für sich zu überlegen, was sie denken, wie sie zu der Frage stehen, und ihr eigenes Urteil zu bilden.

Natürlich haben wir letztlich keinen Einfluss darauf, worüber sich die Teilnehmer mit ihren Partnern **tatsächlich** unterhalten. Vielleicht nutzen einige die Gelegenheit, um sich über Kinoprogramme oder das anstehende Mittagessen auszumären … oder hemmungslos mit ihrem Schnatter-Partner zu flirten … Aus zwei Gründen sehen wir das ganz gelassen: Zum einen ist die Schnatter-Zeit für die Leute vielleicht genau die kurze Pause, auf die sie schon lange im Seminar gewartet haben, in der sie mit ihrem Nachbarn die eine oder andere offene Frage klären können. Und nach den 3 privaten Minuten sind sie wieder voll dabei.
Zum anderen: Wissen wir, was die Leute tatsächlich **denken**, während sie (nicht schnatternd) im Seminarraum sitzen? Kriminalitätskontrolle, Kinoprogramm oder Flirtvorbereitung? Lassen Sie sich nicht verunsichern. Ganz egal, welche Schnatter-Dialoge Sie auch immer mit halbem Ohr ›abhören‹!

Schön am **Schnattern** ist: Die Methode lässt sich unkompliziert und spontan einbauen. Mit einer präzisen Ausgangsfrage können Sie den Ball an die Lernenden übergeben (und die Schnatter-Zeit für die Vorbereitung der nächsten Schritte nutzen oder einfach zum Luftholen genießen). Wenn Sie im Laufe einer Seminareinheit mehrere Schnatter-Sequenzen einbauen, dann können Sie das Ganze beleben, indem Sie die Teilnehmer mit unterschiedlichen Partnern ins Gespräch kommen lassen: Sogar im Hörsaal sind schon – ohne langes Suchen und Finden – bis zu vier Formen möglich: Nachbar rechts, Nachbar links, Vorder- und Hintermann.

Kleinere Umbauarbeiten im Raum sind für die Variante ›Kugellager‹ nötig. Die Teilnehmer bilden mit Stühlen zwei Kreise mit gleicher Teilnehmerzahl. Einen Innenkreis, in dem die Teilnehmer nach außen blicken, und einen Außenkreis, in dem die Lernenden nach innen

20 Schnattern

blicken. Wenn alles ›sitzt‹, müsste jeder Teilnehmer ein Gegenüber des anderen Kreises haben. Die Lernenden erhalten den ersten Schnatter-Auftrag. Bevor anschließend die zweite Runde mit neuem Thema folgt, bitten Sie die Teilnehmer des Außenkreises, sich zu erheben und den nächsten Platz rechts einzunehmen. Dadurch entstehen neue ›Paarungen‹.

Diese Variante eignet sich vor allem gut in der Anfangsphase. Die Lernenden kommen mit 3, 4 oder 5 anderen Teilnehmern kurz ins Gespräch. Später in der Pause können sie vielleicht daran anknüpfen.

Noch eine (etwas experimentellere) Schnatter-Variante: Von Mönchen unterschiedlicher Ordensgemeinschaften ist bekannt, dass sie – fürs Gebet oder für Glaubensgespräche – eine besondere Gesprächsform hatten: Sie unterhielten sich gehend. Weil sie dabei einander aber schlecht in die Augen schauen konnten, entstand der ›Mönchsgang‹: Anstatt sich nebeneinander zu bewegen, ging einer der beiden rückwärts. So konnten sie sich bequem ansehen. Aber Achtung! Die Mönche hatten bestimmt einen recht aufgeräumten Kreuzgang

ohne unerwartete Hindernisse. Für diese Variante brauchen Sie also ausreichend Platz – und Teilnehmer, die Lust haben, sich zu bewegen, und Freude an Experimenten haben!

Ganz gleich in welcher Form: Wenn 20 oder 30 Paare schnattern, dann ist das – wie bei Anja und Christopher anfangs beschrieben – unüberhörbar. Besonders in Räumen mit schlechter Akustik kann der Lärm für Teilnehmer und Trainer unangenehm und anstrengend sein. Nach 2 oder 3 Runden sind viele froh, wenn es wieder etwas ruhiger zugeht. Meist entwickelt die Gruppe aber ganz automatisch ein gutes Maß: Die Paare rücken enger zusammen, unterhalten sich zunehmend mehr flüsternd. Ein Tipp für Sie: Packen Sie sich eine Glocke oder einen Gong ein, um die Leute ohne große Anstrengung wieder aus den Schnatter-Runden zurückzurufen.

119

21 Rituale

Ziel:

Aufgaben und Verantwortung an Teilnehmer übergeben.

Kurz beschrieben:

Kleinere Aufgaben (z. B. Inhalte wiederholen, Fachbegriffe definieren, für Bewegung und Auflockerung sorgen) werden an einzelne Teilnehmer delegiert. Zu festen Zeiten (z. B. Seminarbeginn, nach der Pause, Seminarende) führen die Teilnehmer ihren Auftrag selbstverantwortlich durch.

Material:

Liegt in der Hand der Teilnehmer

Dauer:

Mindestens 5 Minuten pro Ritualeinheit

Vorbereitung:

Aufgabe klar definieren; Verantwortlichkeiten zu Beginn des Seminars oder der Vorlesungsreihe klären; ggf. Recherchetipps für die Teilnehmer zusammenstellen

Die meisten Religionen haben im Laufe ihrer Entwicklung eine Vielzahl von Ritualen entwickelt, die sie zu bestimmten Zeiten und Zwecken praktizieren. Einer der Vorteile: Durch kontinuierliche Wiederkehr werden die Zeremonien zur festen Gewohnheit für die Gläubigen. Keiner ist überrascht, wenn bei der christlichen Taufe der Säugling übers Tauf-becken gehalten wird, und die meisten Gottesdienstteilnehmer wissen aus jahrelanger Erfahrung, was sie bei welcher Gelegenheit zu antworten und zu tun haben.

In Seminaren und im Unterricht für Erwachsene ist das nicht immer so: Wechselnde Themen, Trainer und Methoden fordern die Lernenden immer wieder aufs Neue heraus, sich auf unterschiedliche Vorgehensweisen einzustellen. Da sind ein paar feste Bräuche – sowohl für die Lernenden als auch für die Lehrenden – manchmal gar nicht schlecht!

Rituale als Lehrmethoden eignen sich dann, wenn über einen längeren Zeitraum miteinander gelernt wird. Zum Beispiel in wöchentlich stattfindenden Kursen in der Hochschule oder bei einem mehrtägigen Seminar in der Weiterbildung. Ein Ritual zeichnet sich dadurch aus, dass zu einer bestimmten Zeit (zum Beispiel jeweils zu Beginn einer Einheit oder 3 Minuten vor Schluss) eine bestimmte Aufgabe (zum Beispiel eine Wiederholung, eine Zusammenfassung) von den Lernenden übernommen wird. Wer wann was macht, wird entweder langfristig zu Beginn des Gesamtkurses oder kurzfristig in jeder Veranstaltung vereinbart.

Hier vier bewährte Ritual-Ideen:

Wiederholungsritual

Die ersten 5 Minuten jeder Seminareinheit sind für eine Wiederholung reserviert. Jeweils ein Teilnehmer bereitet eine Zusammenfassung der wichtigsten Erkenntnisse der vorangegangenen Einheit vor. Erzählend, fragend, spielend ruft er die Ergebnisse wieder in Erinnerung. Die Form bleibt ihm überlassen. Der jeweilige Rückblick kann durch die Gruppe bestätigt und ergänzt werden, bevor ein neues Kapitel begonnen wird.

Wenn wir dieses Ritual zu Beginn eines Kurses vorstellen und einführen, erleben wir oft zweifelnde Teilnehmer: »Wozu jede Woche der Aufwand?« – so lautet häufig ein Einwand. Diese Bedenken lösen sich im Laufe des Kurses jedoch meist auf.

Viele Lernende erfahren bei diesem Ritual, wie wertvoll regelmäßige Rückschauen für den Lernprozess sind. Der Lernstoff will eben bewegt und erinnert werden!

Aber auch für uns Trainer sind die Wiederholungsminuten sehr aufschlussreich. Da jeweils ein anderer Teilnehmer die Regie über die Rückschau übernimmt, erfahren wir auf vielfältige Art, welche Inhalte, Erfahrungen und Erkenntnisse aus Sicht der Lernenden besonders wesentlich und wiederholenswert waren.

Definitionsritual

Wer in ein neues Themengebiet einsteigt, muss sich in der Regel zunächst mit vielen Begriffen und Definitionen vertraut machen. Dieser Herausforderung kann man sich mit Hilfe eines eigenen Rituals stellen.

Der Startschuss für das Definitionsritual fällt gleich zu Beginn einer Weiterbildungsveranstaltung oder eines Semesters. Im Vorfeld haben Sie eine Liste mit Fachbegriffen aus dem Themengebiet vorbereitet. Ausgewählt haben Sie relevante Begriffe, von denen Sie vermuten, dass sie den Lernenden neu oder fremd sind. Bei der Einführung in die Grundlagen der Soziologie könnte die Auswahl Ihrer Begriffe zum Beispiel so aussehen:

- Freizeitsoziologie
- Phänomenologie
- Politische Sozialisation
- Militärsoziologie
- Längsschnittstudie
- usw.

Sie erklären:

»In diesem Seminar werden wir viele Fachbegriffe kennen lernen. Jeder von Ihnen bekommt nun die Verantwortung für ein Wort. Er hat die Aufgabe, die Schirmherrschaft für diesen Begriff zu übernehmen und ihn an einem unserer Termine in knapp 5 Minuten vorzustellen. Sie selbst entscheiden, welche Aspekte des Begriffs Sie uns präsentieren: Sie können verschiedene Definitionen vergleichen; Sie können darstellen, wo in der Praxis der Begriff auftaucht; Sie können auch über die Geschichte des Begriffs berichten. Wichtig ist, dass anschließend alle wissen, was hinter dem Begriff steckt. Und noch etwas: In welcher Form Sie uns den Begriff nahe bringen, liegt ebenfalls ganz in Ihrer Hand.«

Nun kann sich jeder Teilnehmer einen Begriff aussuchen. Oder Sie verlosen die Patenschaften.

Sie können die Lernenden mit ein paar Literaturtipps und guten Websites zur Recherche unterstützen. Mit diesem Ritual können Sie die Aufgabe verbinden, zu jedem Fachbegriff einen knappen Text zu verfassen, der an alle Teilnehmer verteilt wird. So entsteht im Laufe des Seminars ein kleines, eigenes Lexikon.

Auflockerungsritual

Neben allen geistigen Herausforderungen sollte auch für den Körper durch ein Ritual gesorgt werden. Jeweils ein Teilnehmer leitet ein kurzes Spiel, eine Übung oder ein Experiment zur körperlichen Auflockerung an.

Diese Aufgabe übergeben wir allerdings nur dann an die Teilnehmer, wenn einige oder mehrere von ihnen offensichtlich mit Seminarspielen für Erwachsene vertraut sind, zum Beispiel durch unsere Seminare.

Buchvorstellungsritual

Überlegen Sie einmal: Was ist zurzeit Ihr Lieblingsbuch? Ein Roman oder ein Sach- oder Fachbuch? Ganz egal, was ist Ihr derzeitiger Favorit?

Wenn Sie bei uns im Seminar wären, könnten Sie es jetzt kurz vorstellen. »Und was hat das mit englischer Grammatik, Arbeitsrecht oder einem anderen Spezialthema zu tun?«, fragen Sie vielleicht. Ein direkter Bezug zum jeweiligen Fachthema besteht hier tatsächlich nicht.

Aber die Buchvorstellung bietet den Lernenden eine Gelegenheit, sich mit einem vertrauten Thema ins Seminargeschehen einzubringen. Für viele Lernende ist es auch – oder gerade – im Erwachsenenalter gar nicht so einfach, sich in einer neuen, großen Lerngruppe zum ersten Mal zu Wort zu melden. Eine Buchvorstellung von wenigen Minuten, die zuvor vorbereitet werden kann, ist da oft ein geeignetes Sprungbrett. Und: Ganz nebenbei erfahren Sie und die Lernenden eine Menge voneinander.

Viele weitere Anlässe eignen sich für Rituale; viele andere Formen sind möglich. Uns gefällt an dieser Art von Ritualen unter anderem, dass wir die Verantwortung für bestimmte Aufgaben an die Lernenden übergeben können und dass die Rituale für einen gewohnten Rahmen im Seminaralltag sorgen.

Bis ein Ritual sicher läuft, kostet es allerdings in der Regel ein wenig Geduld und Durchhaltevermögen. Es dauert seine Zeit, bis aus der vorgestellten Idee im Kurs eine feste Gewohnheit wird. Als Trainer müssen wir so lange an das Ritual erinnern, nachfragen und die Verantwortlichkeiten klären, bis die Gruppe selbst die Regie übernimmt.

Läuft das Ritual, bleibt uns nur noch die wichtige Aufgabe, genügend Zeit und Raum für die Ritual-Minuten freizuhalten. Das fällt – vor allem gegen Ende von Seminaren – aus Zeitgründen nicht immer so leicht. Daher unser Tipp: Gehen Sie sparsam mit der Einführung von Ritualen um. Denn für die Teilnehmer ist es sehr demotivierend und frustrierend, wenn sie die vorbereiteten Aufträge am Schluss nicht mehr ›loswerden‹ können.

22 Fazitkarte

ergebnisorientiert • erkenntnisreich • abschließend

Ziel:

Lernfortschritt feststellen, Fazit ziehen.

Kurz beschrieben:

Am Ende der Veranstaltung erhalten die Teilnehmer eine Moderationskarte. Darauf formulieren sie ihr Fazit aus dem Seminar. Anschließend stellen sie ggf. ihre Erkenntnisse vor.

Material:

Moderationskarten und Stifte

Dauer:

Ohne Vorstellung: 3 bis 5 Minuten
Mit Vorstellung: weitere 1 bis 2 Minuten pro Teilnehmer

Vorbereitung:

Fazitfrage(n) formulieren

Sie haben nun 21 Lehrmethoden kennen gelernt. In mehreren Lesestunden haben Sie das Wichtigste über die verschiedenen Techniken und ihre Einsatzmöglichkeiten erfahren. Und ebenso wie Sie beim Lesen Ihres Lehrmethodenbuches, so nehmen auch Lernende in Seminaren und Vorlesungen eine große Informationsfülle auf.

Die entscheidenden beiden Fragen beim Zuklappen des Buches bzw. am Ende einer Lehrveranstaltung lauten: »Was nehme ich letztlich mit?« »Was bedeuten diese Informationen für mich?«

›Fazit‹ kommt aus dem Lateinischen und heißt wörtlich übersetzt: ›Es macht‹. Wer ein Fazit zieht, kommt zu einer Schlussfolgerung, Schlusssumme, zu einem Endergebnis.

Am Ende einer Lerneinheit verteilen wir gerne Fazitkarten an die Lernenden. Moderationskarten eignen sich prima dafür. Jeder Teilnehmer ist aufgefordert, für sich zu erarbeiten und zu entscheiden, wie sein Fazit aussieht. 3, 4 oder 5 Minuten sind meist ausreichend.

Zur Unterstützung geben wir den Lernenden gerne genauere Leitfragen. Zum Beispiel:
- Was waren diesmal Ihre wichtigsten Erkenntnisse?
- Worüber wollen Sie weiter nachdenken?
- Welche 3 Aussagen sind besonders wichtig für Sie?
- Worin liegt Ihrer Meinung nach die Kernbotschaft dieser Lerneinheit?

Manchmal bitten wir die Teilnehmer auch, anschließend der Gruppe ihr Fazit oder einen wichtigen Teilaspekt vorzustellen. Am besten kündigt man dies zu Beginn an.

22 Fazitkarte

Die folgende Fazitkarten-Sammlung stammt aus einem Seminar zum Thema ›Immobilienauktionen‹. Am Ende des Tages hatten die Teilnehmer die Aufgabe, für sich die wichtigsten Informationen und Erkenntnisse zu notieren. Hier ein paar Eindrücke:

Nur wer gut vorbereitet zum Termin geht, kann Chancen und Risiken abwägen!

10% des Zuschlagspreises (mindestens jedoch €2000,--) sind in bar oder als Verrechnungsscheck in der Auktion als Bietungssicherheit zu hinterlegen.

Der Versteigerungstermin gliedert sich in 3 Abschnitte: den Bekanntmachungsteil, die Bietphase und nach Zuschlag die Unterzeichnung des Kaufvertrags (Ersteher, Auktionator, Notar)

Die vom Ersteher an das Auktionshaus zu zahlende Courtage beträgt zwischen 6% und 15% abhängig von der Höhe des Zuschlagspreises. Die Courtage ist mit Zuschlag fällig und zahlbar.

KAUFE NIE OHNE GRÜNDLICHE BESICHTIGUNG

KAUF BRICHT NICHT MIETE!!!

Es kann schon vor dem eigentlichen Termin ein Gebot abgegeben werden.

22 Fazitkarte

Nun sind Sie am Ende dieser Methoden-sammlung angelangt. Nehmen Sie sich an dieser Stelle tatsächlich die Zeit, ein-mal für sich zu überlegen:

Was ist Ihr bisheriges Fazit aus der Lektüre des Buches? Bitte notieren Sie hier:

- Haben Sie eine Lieblingsmethode entdeckt?
- Haben Sie eine Idee, in welchem Seminar Sie sie einsetzen können?
- Wie beurteilen Sie das Munterrichtsmethoden-Buch?

Wir sind neugierig und freuen uns, wenn Sie uns Ihr Fazit senden. Ihre Post erreicht uns unter:

info@orbium.de

Munterrichtsmethodenwahl

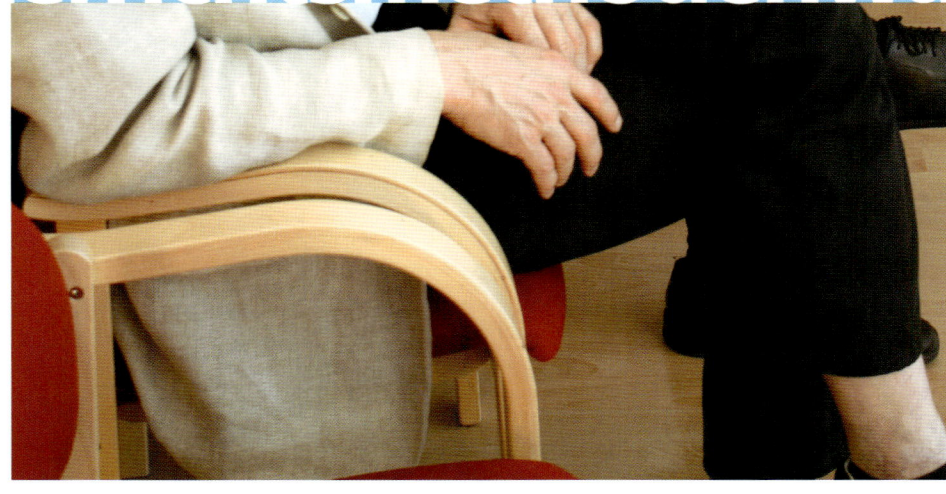

Munterrichtsmethodenwahl

Gibt es die passende Methode?

Sie haben 22 verschiedene Lehrmethoden sowie zahlreiche Variationen kennen gelernt. Viele Wege also, die Sie einschlagen können, um Ihr Thema zu vermitteln. Mit allen Methoden haben wir unzählige Male mit den unterschiedlichsten Gruppen und zu ganz verschiedenen Themen gearbeitet. In der Praxis haben sich diese Methoden sehr bewährt. Von jeder Munterrichtsmethode sind wir überzeugt!

Aber auch wir haben gelegentlich die Erfahrung gemacht: Mit jeder der 22 Methoden kann man im Seminar oder in der Vorlesung ›voll daneben‹ liegen. Was hier munter und pfiffig klingt, kann sich in Ihrer speziellen Seminarsituation als zäh und langwierig entpuppen. Aufträge, die die Teilnehmer laut Beschreibung gut bewältigen sollen, können die Menschen in Ihrem Kurs unter- oder überfordern. Im schlimmsten Fall weigern sich die Teilnehmer schlicht, ›so‹ zu lernen.

Das ist jedoch keineswegs ein Grund, die Lust und den Mut am Ausprobieren zu verlieren.

Ganz im Gegenteil: Wir wollen Sie dabei unterstützen, die jeweils passende Munterrichtsmethode auszuwählen.

Auf der Suche nach der ›richtigen‹ Methode stellt sich zunächst die Frage, wann eine Methode überhaupt ›passt‹. Wovon hängt die Passung ab? Gerne würden wir Ihnen möglichst einfache und klare Wahltipps im ›Wenn-dann-Format‹ präsentieren. Aber für solche eindimensionalen Ratschläge sind die Anlässe viel zu unterschiedlich.

Ob die eine oder besser die andere Methode passt, kann nur situativ – also gemessen an der konkreten Seminarsituation – entschieden werden. Und auch für eine bestimmte Gelegenheit gibt es nicht nur **die eine** ›richtige‹ Methode: Verschiedene Wege können eingeschlagen werden. Dennoch ist die Entscheidung nicht beliebig.

In diesem Kapitel zeigen wir Ihnen Techniken, mit denen Sie herausfinden können, ob sich die auserkorene Methode für Ihr Vorhaben eignet. Wir stellen Ihnen dafür drei konkrete Arbeitsschritte vor.

Munterrichtsmethodenwahl

Den ›alten Hasen‹ im Seminargeschäft wird diese Herangehensweise vielleicht ein wenig zu ausführlich erscheinen. Im Laufe der Jahre entwickeln die meisten durch Erfahrung mit ihren Themen und Teilnehmern einen verlässlichen Riecher für die passenden Lehrwege. Sie können sich flott entscheiden. Doch auch für die Erfahrenen kann es sich lohnen – zum Beispiel bei neuen Aufträgen oder zur Überprüfung der gewohnten Wege – die Auswahl etwas genauer anzugehen.

Den ›blutigen Anfängern‹ legen wir die drei Arbeitsschritte auf alle Fälle ans Herz. Nehmen Sie sich die Zeit, genau zu bedenken, wann Sie mit welcher Methode was erreichen wollen. So ersparen Sie sich und Ihren Teilnehmern eine Menge Enttäuschungen!

Von Volltreffern, Fehlgriffen und ihren Ursachen

Kennen Sie das? Ein erfolgreicher Seminartag liegt hinter Ihnen. Noch Stunden später sind Sie stolz und zufrieden, wenn Sie an den methodischen Volltreffer denken, den Sie am Vormittag gelandet haben. Wie Sie das schwierige Thema heute angepackt haben. Es war einfach brillant!

Vielleicht aber haben Sie auch das schon einmal erlebt: Ein anderer Seminartag, der zu Ende geht. Doch dieses Mal verlassen Sie den Raum gebeutelt und geknickt. Auf dem Weg nach Hause gestehen Sie sich grübelnd ein, dass die Methodenwahl am Vormittag ein Fehlgriff war. Irgendwie hat es heute nicht richtig hingehauen.

Beide Erfahrungen gehören zum Traineralltag: die glanzvollen Momente, in denen einfach alles passt, ebenso wie die Stunden, in denen es nicht so klappt wie erhofft. Nicht jede Methode und nicht jedes Seminar können ein Highlight sein!

Spannend an diesen beiden Extremsituationen ist die Frage nach den Ursachen: Woran lag es, dass sich die eine Wahl als Volltreffer, die andere als Fehlgriff herausstellte?

Manchmal liegt die Antwort eindeutig auf der Hand:
Im Falle des Volltreffers könnte die Methode beispielsweise von den Teilnehmern dankbar aufgegriffen und erfolgreich genutzt worden sein. Die Lernenden hatten den Löwenanteil daran, dass aus der gewählten Methode ein Hauptgewinn wurde.

129

Munterrichtsmethodenwahl

Bei einem ›Fehlgriff‹ könnten Sie als Trainer bei der Planung unterschätzt haben, wie lange die Gruppenarbeiten bei der entsprechenden Methode dauern. Alles dauerte viel länger als vorgesehen, zunehmend wurde die Stimmung hektischer, und am Ende konnten nicht mehr alle erarbeiteten Ergebnisse präsentiert werden. Warum sich Ihre Wahl als Fehlgriff entpuppen musste, ist im Nachhinein klar.

Häufig aber sind die Ursachen speziell eines Misserfolgs nicht so eindeutig zu greifen. Verunsichert forschen Sie nach möglichen Gründen:

- Passte die Methode nicht zur Arbeitsweise der Teilnehmer?
- Lag es an der Art, wie ich das Ganze erklärt habe?
- War es das Thema, das sich mit der Methode einfach nicht bearbeiten ließ?
- Habe ich den falschen Zeitpunkt gewählt?

- War von allem ein bisschen dabei, oder habe ich noch etwas anderes übersehen?

Weil meist mehrere Ursachen zusammenspielen, fällt es schwer, die Hauptgründe klar zu benennen. Es bleibt daher oft bei einer vagen Ahnung und einem unzufriedenen Gefühl.

Das Modell zur Methodenwahl

Um künftig in ähnlichen Situationen eine bessere Wahl treffen zu können, lohnt es sich, der Sache genauer auf den Grund zu gehen. Dabei ist das hier abgebildete Modell hilfreich.
Sie sehen sieben Bereiche, in denen – einzeln oder im Zusammenspiel mit anderen – Ursachen dafür liegen können, dass die gewählte Methode nicht oder wenig passte. Schritt für Schritt kann nun geforscht werden.
Aber auch schon bei der Seminarplanung, auf der Suche nach der passenden Methode ist das Modell hilfreich.

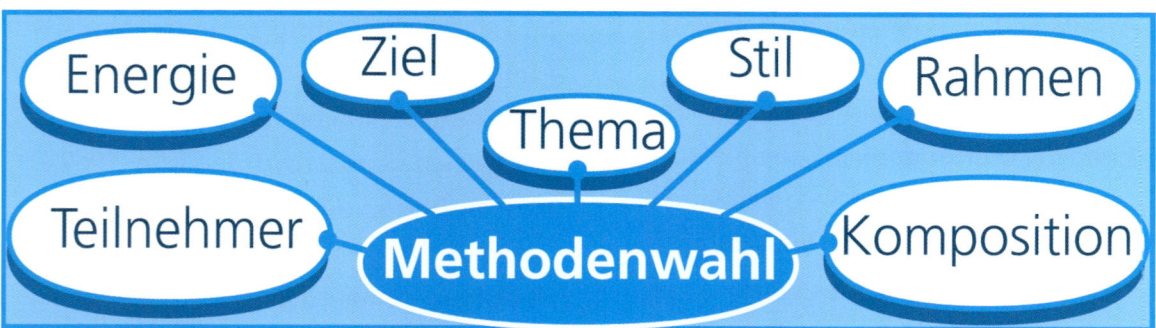

Munterrichtsmethodenwahl

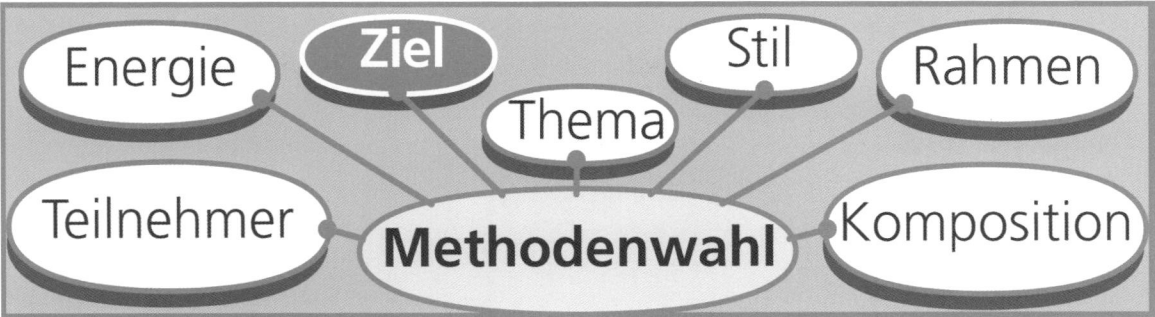

Ziel

»Jede Methode hat ein konkretes Lernziel« – so lautet das erste Munterrichtsprinzip. Mit den Methoden soll etwas erreicht werden: Die Lernenden sollen etwas hören, kennen lernen, eine Sache verstehen, eine Idee hinterfragen, mit einem Gedanken spielen, ein Modell auf die Praxis übertragen. Ob der gesuchte Lernweg zum Volltreffer oder zum Fehlgriff wird, hängt ganz entschieden davon ab, ob er geeignet ist, das gesteckte Ziel zu erreichen. Zwei Voraussetzungen sind zu erfüllen:

Sie als Referent müssen das Ziel genau kennen und benennen können. Sie müssen sich darüber im Klaren sein, **was** Sie erreichen wollen.

Mit den konkreten Lernzielen vor Augen gilt es nun, die geeignete Methode zu finden. Erst wenn das Ziel klar ist, ist es möglich, herauszufinden, **wie** Sie es erreichen können, welche Methode also passend wäre.

- »Was genau will ich damit erreichen?«
- »Warum mache ich das?«

Diese Fragen sollten Sie sich daher bei der Planung und Durchführung immer wieder stellen.

> **Die zentrale Frage lautet:**
> **»Passt(e) die gewählte Methode zum anvisierten Ziel?«**

Munterrichtsmethodenwahl

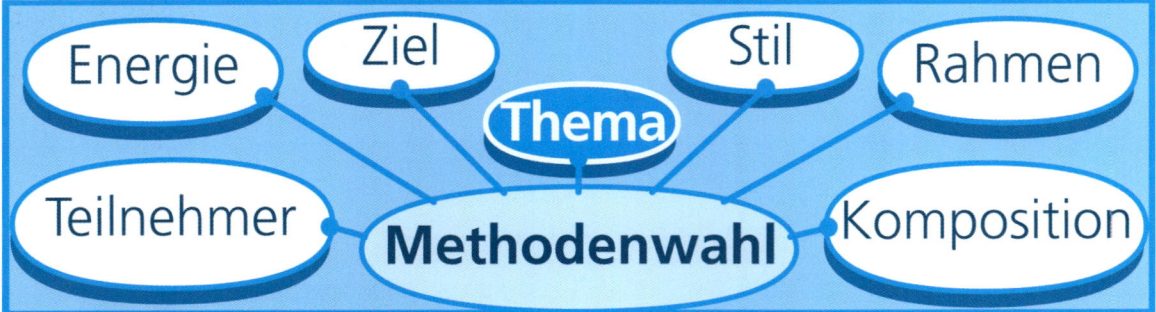

Thema

Arbeitsrecht, Naturheil-
kunde oder Zeitmanagement
– die Liste der Themen, um
die es in beruflicher Aus- und
Weiterbildung gehen kann,
ist endlos. Von A wie Astro-
nomie bis Z wie Zahntechnik
ist alles denkbar. Nicht nur die Inhalte
und Fachgebiete sind vielfältig, auch in
ihren Eigenschaften unterscheiden sich die
Themen. Sie können abstrakt oder praxis-
nah sein, komplex oder eindimensional,
aufregend oder staubtrocken.

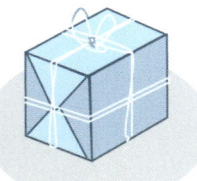

Klar, dass bei so vielen
Unterschieden nicht jede
Methode jedem Thema
gerecht werden kann.
Schwärzen (Methode 7) zum
Beispiel ist eine prima Sache.
Ungeeignet ist sie allerdings
bei Gesetzestexten. In der Juristerei sind
Genauigkeit und Vollständigkeit gefragt:
Auf jeden Satz, jedes Wort, manchmal
sogar auf einzelne Satzzeichen kommt es
hier an. Da lässt sich nicht einfach munter
wegstreichen. **Schwärzen** passt hier de-
finitiv nicht zum Thema.

Die zentrale Frage lautet:
»Passt(e) die gewählte Methode zu den Eigenschaften des konkreten Themas?«

Munterrichtsmethodenwahl

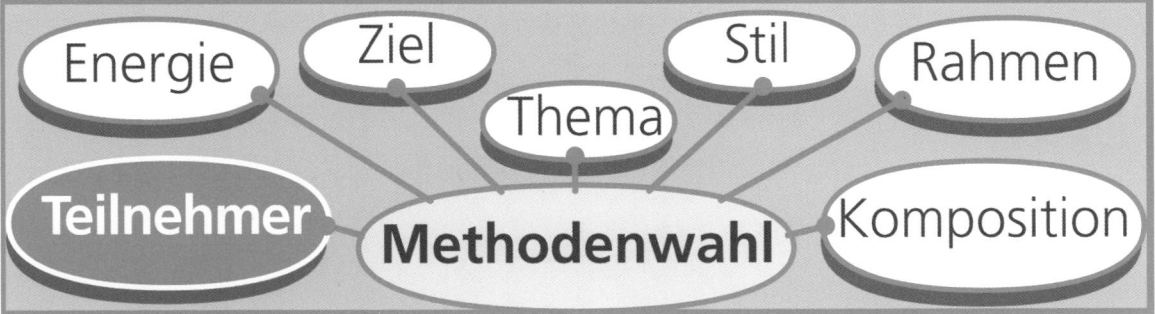

Teilnehmer

Klara ist Expertin für eine Buchhaltungssoftware. Sie ist viel unterwegs. Gestern führte sie 12 Augsburger Existenzgründer in das Programm ein, heute macht sie 3 Buchhalterinnen einer Münchner Apothekenkette damit vertraut. Obwohl sie an beiden Tagen dieselbe Software vorstellt, läuft heute methodisch vieles anders: Die unter Zeitdruck stehenden Buchhalterinnen wollen ohne langes Geplänkel klare Antworten auf ihre Fachfragen. Klara präsentiert ihnen eine lange Liste von **Schlüsselfragen** (Methode 9). Lauter Spezialfälle, aus denen die Expertinnen auswählen können, was für sie besonders wichtig ist. Gestern

wäre das so nicht möglich gewesen, denn die meisten Existenzgründer waren blutige Anfänger. Allein die buchhalterischen Fachbegriffe brachten sie an ihre Grenzen – und dafür waren natürlich auch andere Methoden gefragt.

Fortgeschrittene oder Anfänger, ernste oder fröhliche Erdenbürger, Junge, Alte, Frauen, Männer, Techniker oder Philosophen … Völlig unterschiedlich können die Menschen in Ihren Kursen sein. Die Teilnehmer sind es, für die letzten Endes alle Anstrengungen unternommen werden. Zu ihnen müssen die Methoden passen, an ihnen muss sich die Methodenwahl orientieren.

Die zentrale Frage lautet:
»Passt(e) die gewählte Methode zu der Art und den Bedürfnissen der Teilnehmer?«

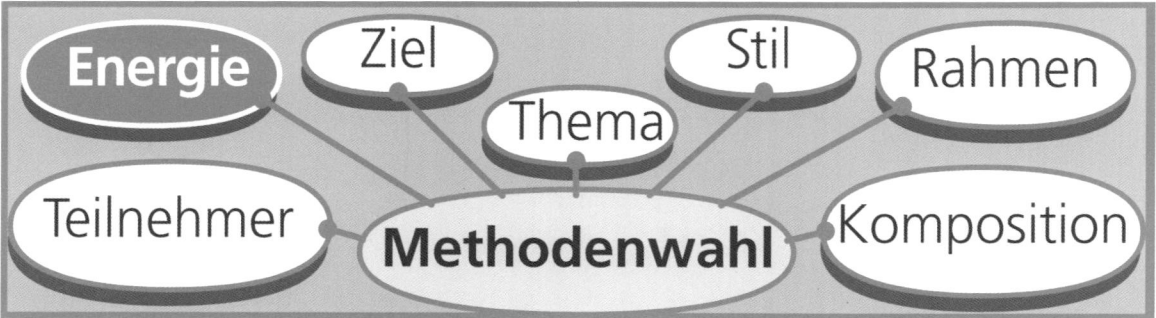

Energie

Sicherlich haben Sie auch schon erlebt, wie sich die Energie einer Seminargruppe wandeln kann: Gruppen mausern sich beispielsweise im Laufe nur eines einzigen Vormittags von abweisen-

den Morgenmuffeln zum motivierten Hochleistungsteam. Die jeweilige Energie einer Gruppe wird von vielen Faktoren bestimmt: Jahreszeit, Klima, Tageszeit, Anforderungen und Pausen, Hunger und Sättigung. Und manchmal sind es auch einfach die Launen einzelner Teilnehmer.

Ihre Aufgabe als Trainer ist, die jeweilige Energie der Gruppe einzuschätzen und dem Zustand entsprechend die richtige Methodenwahl zu treffen. Denn: Der Einfluss der Energie einer Gruppe auf den methodischen Erfolg ist nicht zu unterschätzen.

Die zentrale Frage lautet:
»Passt(e) die gewählte Methode zur aktuellen Energie der Gruppe?«

Munterrichtsmethodenwahl

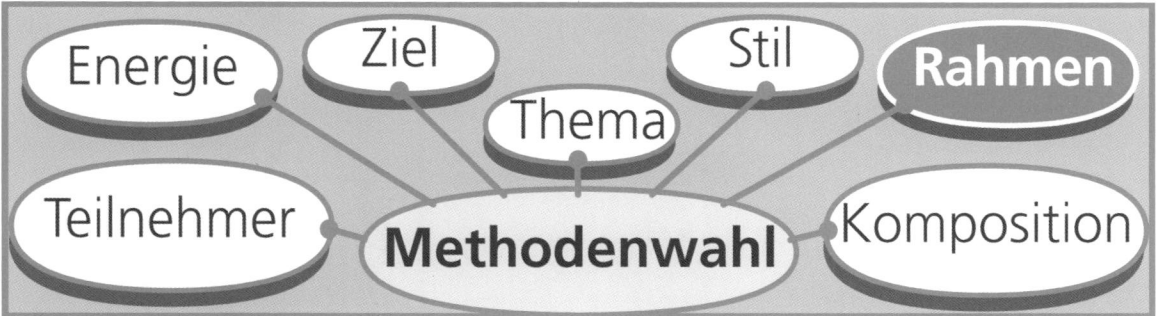

Energie · Ziel · Stil · **Rahmen** · Thema · Teilnehmer · **Methodenwahl** · Komposition

Rahmen

Wo findet Ihr Seminar statt? Arbeiten Sie in einem lichtdurchfluteten Saal, oder unterrichten Sie ohne Tageslicht in einem muffigen Keller? Verliert sich die Gruppe im weitläufigen Raum, sind die Teilnehmer (samt nass-dampfenden Winterjacken) auf wenigen Quadratmetern zusammengepfercht, oder ist die Raumgröße gerade richtig? Wird nebenan mit dem Presslufthammer saniert, oder ist es angenehm still?

Und **wann** wird gelernt? Arbeiten Sie früh morgens, im ›Suppenkoma‹ kurz nach der Mittagszeit oder am späten Abend nach einem langen Arbeitstag?

Unterrichten Sie an einem heißen Sommertag oder an einem dunklen Winterabend? **Wie lange** haben Sie Zeit für Ihre Veranstaltung? Gestalten Sie eine ganze Seminarwoche, oder treten Sie für einen halbstündigen ›Lernquickie‹ an?

Viele verschiedene Bedingungen, die großen Einfluss auf den Methodenerfolg haben können. Ist es zu eng, dann wird es zum Beispiel mit dem **Lehr-Lern-Gang** (Methode 8) schwierig. Und für ein **Feierabendkino** (Methode 10) stehen die Sterne schlecht, wenn nebenan der Presslufthammer wummert.

Die zentrale Frage lautet:
»Passt(e) die gewählte Methode zu den äußeren Rahmenbedingungen?«

Munterrichtsmethodenwahl

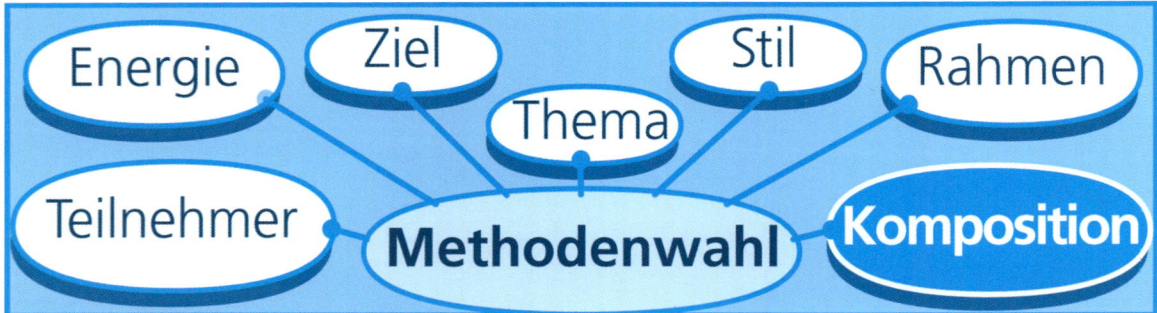

Komposition

Wie eine Sinfonie oder eine Oper will auch ein Seminar gut komponiert sein. ›Komponieren‹ heißt wörtlich übersetzt: »etwas aus Einzelteilen zusammensetzen«, »ein Kunstwerk nach bestimmten Gesetzen aufbauen, gestalten«. Nicht nur auf die Teile selbst kommt es an. Der Erfolg hängt auch von der ausgewogenen Abfolge, dem Zusammenspiel, der Komposition der Bestandteile ab.

In der Musik bedient sich der Komponist beispielsweise verschiedener Melodien, Tonarten und Tempi. Bei der Seminarkomposition sind es die Sozialformen (Einzel-, Partner-, und Gruppenarbeit), die Grundformen des Lehrens (referieren, vorzeigen, lesen, schreiben) und die vielseitigen Charakteristika der Methoden (sportlich, ruhig, aufregend usw.), aus denen die Seminarsinfonie komponiert wird.

Und die gefällt dann gut, wenn der Komponist das richtige Maß, die passende Reihenfolge, eine ausgewogene Mischung und den geeigneten Zeitpunkt für die Methoden findet, wenn kein Zuviel, Zulang oder Zuwenig entsteht. »Soll ich den Nachmittag mit einer **Fazitkarte** (Methode 22) beschließen?«, fragen Sie sich. An sich eine prima Idee. Wenn aber zuvor mit den Methoden **Beutebuch** (Methode 19) und **Inventur** (Methode 13) gelernt wurde, dann wäre die **Fazitkarte** die dritte Methode, bei der die Lernenden schreiben und notieren. Ein **Feierabendkino** (Methode 10) würde da besser in die Komposition passen.

Die zentrale Frage lautet:
»Passt(e) die Methode in die Komposition des Seminars?«

Munterrichtsmethodenwahl

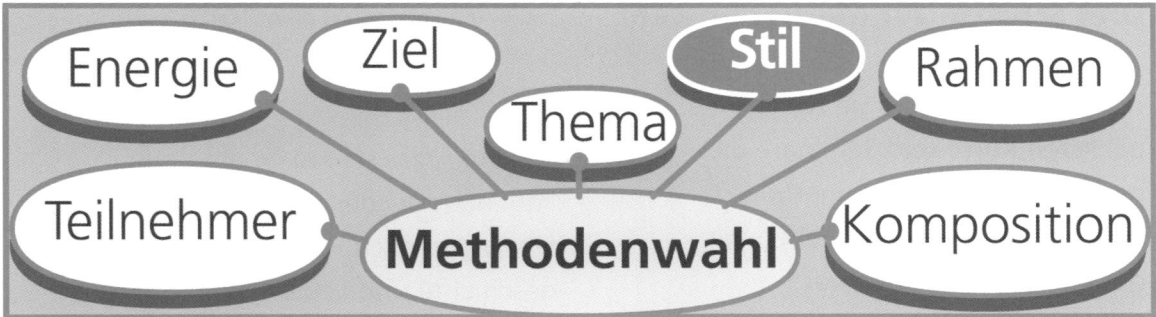

Stil

Paul ist Fahrlehrer. Dienstags und donnerstags gibt er Theorieunterricht. Eine Munterrichtsmethode gefällt ihm ganz besonders gut: Er liebt **Schätzfragen** (Methode 14). Im Laufe der Jahre hat er eine umfangreiche Fragensammlung entwickelt. Zum Einstieg in neue Themen, eben mal zwischendurch, wenn das Interesse der Fahrschüler nachlässt, oder auch als Abschluss kurz vor Feierabend gibt's von Paul immer wieder knifflige Schätzfragen. Mit leuchtenden Augen fragt er in die Runde. Wer ihn beobachtet, merkt sofort: Paul hat Spaß daran! Mit seiner eigenen Freude reißt er auch immer wieder muffelige Fahrschüler in den Bann seiner Schätzfragen.

Als Trainer leiten Sie die Methoden nicht nur mechanisch an. Es ist auch Ihre Aufgabe, bei den Lernenden Lust für den Lehrweg zu wecken, ihnen die Sache schmackhaft zu machen. Das wird Ihnen besonders dann gut gelingen, wenn Sie selbst Freude an den gewählten Methoden haben, wenn die Lehrwege Ihrem Stil entsprechen. Finden Sie heraus, welche Methoden zu Ihnen passen.

Die zentrale Frage lautet:
»Passt(e) die gewählte Methode zu meinem persönlichen Stil?«

Munterrichtsmethodenwahl

Drei Schritte zur Methodenwahl

Wie genau finden Sie für Ihre nächsten Kurse und Seminare die passende Munterrichtsmethode? Bei der Methodenwahl gehen wir gerne in drei Schritten vor:

Schritt 1: Informationen sammeln
Schritt 2: Suchen und kreieren
Schritt 3: Entscheiden

Schritt 1: Informationen sammeln

Gute Ärzte stellen einem neuen Patienten bei der Anamnese viele Fragen. Sie fragen nach Familie, Beruf, Krankengeschichte und Lebenssituation. Denn jedes Detail kann später bei der Diagnose und der Behandlung wichtig sein.

Ähnliches passiert auch beim ersten Arbeitsschritt zur Methodenwahl. Auch hier wird viel gefragt, werden Informationen gesammelt. Anstelle des Patienten geht es hier um die Seminarsituation, für die Methoden gesucht werden. Dabei gilt: Je mehr ich jetzt herausfinde, desto sicherer kann ich mich später für die passende ›Behandlung‹ entscheiden.

Um ihren Patienten gewissenhaft ›abklopfen‹ zu können, nutzen viele Ärzte bewährte Fragenkataloge. So ein Fragenkatalog erwartet auch Sie auf den folgenden Seiten. Zu jedem der 7 bereits bekannten Bereiche finden Sie mögliche Fragen, die Sie sich selbst, Ihren Auftraggebern und teilweise auch den Teilnehmern stellen können.

Es ist dabei weder nötig noch sinnvoll, alle aufgelisteten Fragen lückenlos

Munterrichtsmethodenwahl

zu beantworten. Vielleicht führen die Vorschläge Sie zu anderen Fragen, die für Ihre Situation viel wesentlicher sind. Umso besser! Ziel ist, durch die Fragen eine gute Informationsgrundlage zur Vorbereitung der Methodenwahl zu schaffen und aus möglichst vielen verschiedenen Perspektiven auf die Seminarsituation zu blicken.

Viele dieser Fragen lassen sich mit ein wenig Engagement klar und eindeutig beantworten. Das gilt insbesondere für die Fragen aus den Bereichen ›Thema‹ und ›Rahmen‹. Durch ein ausführliches Gespräch mit den Auftraggebern oder einen Anruf am Veranstaltungsort ist die Sache häufig geklärt.

Manche Fragen erfordern schon ein wenig mehr Denkarbeit. Zum Beispiel, wenn Sie das konkrete Ziel Ihres Seminars oder eines Bausteins herausfinden und sich klar darüber werden möchten, was Sie ganz genau erreichen wollen. Seien Sie gewarnt: An einigen Fragen kann man sich mächtig die Zähne ausbeißen!

Eine andere Herausforderung erwartet Sie bei vielen Fragen aus den Bereichen ›Teilnehmer‹ und ›Energie‹. Hier werden Sie sich häufig mit Vermutungen

begnügen müssen. Denn solange Sie die künftigen Teilnehmer nicht kennen, lässt sich nur erahnen, wie diese lernen, denken, ticken … Ziel dieser Fragen ist nicht, Vorurteile als Pseudoantworten aufzubauen. Bleiben Sie einfach bei den vagen Vermutungen – sie werden sich bei Seminarstart als treffend bestätigen oder als falsch herausstellen. Trotz aller gewissenhaften Vorbereitung: Nicht jedes Detail lässt sich vor Seminarbeginn eindeutig klären. 2 bis 3 Wochen vorher werden Sie nicht ermitteln können, wie die Teilnehmer im Seminar ›drauf‹ sein werden. Das macht die Arbeit als Trainer und Dozent lebendig und spannend. Dennoch lohnt es sich, bei der Vorbereitung Vermutungen anzustellen, wie es – aus verschiedenen Gründen – sein könnte, und unterschiedliche Szenarien im Geiste durchzuspielen, auf die Sie dann, weil vorbereitet, leichter reagieren können.

Ende der Vorrede. Hier kommen die Fragen:

139

Munterrichtsmethodenwahl

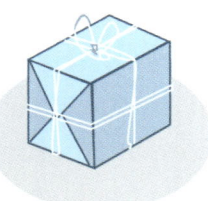

Fragen zum Ziel

- ○ Was genau will ich erreichen?
- ○ Was ist das Ziel des Auftraggebers?
- ○ Was ist das Ziel der Teilnehmer?
- ○ Was sollen die Teilnehmer kennen lernen?
- ○ Was sollen die Teilnehmer verstehen?
- ○ Was sollen die Teilnehmer später mit dem Erlernten tun?
- ○ Wo und wie sollen sie es einsetzen und anwenden?
- ○ Was sollen die Teilnehmer beurteilen können?
- ○
- ○
- ○
- ○
- ○

Fragen zum Thema

- ○ Was alles gehört zum Thema?
- ○ Wie gliedert sich das Thema?
- ○ Wie lauten die wichtigsten Hauptpunkte bzw. Überschriften?
- ○ Wo sind die Grenzen zu anderen Themen?
- ○ Welche Bausteine sollen auf jeden Fall behandelt werden, was könnte bei Bedarf ›rausfliegen‹?
- ○ Gibt es Verbindungen, Zusammenhänge zwischen einzelnen Modulen?
- ○ Muss eine thematische Abfolge zwingend eingehalten werden?
- ○ Gibt es Teile, die besonders leicht bzw. schwer zu erklären sind?
- ○ An welchen Themen sind die Teilnehmer vermutlich besonders stark bzw. besonders wenig interessiert?
- ○
- ○

140

Munterrichtsmethodenwahl

Fragen zu den Teilnehmern

- ○ Wie groß ist die Gruppe?
- ○ Wie homogen bzw. wie heterogen ist die Gruppe?
- ○ Wie alt sind die Teilnehmer?
- ○ Wie viele Frauen, wie viele Männer nehmen teil?
- ○ Kennen sich die Teilnehmer bereits? Wie gut? Woher?
- ○ Was haben die Teilnehmer gemeinsam?
- ○ Haben die Teilnehmer schon gemeinsam gelernt, Kurse besucht?
- ○ Welche Methoden kennen die Lernenden?
- ○ An welche Lernwege sind sie vermutlich gewöhnt?
- ○ Welche Methoden erwarten die Teilnehmer vermutlich?
- ○ Wie experimentierfreudig sind die Teilnehmer?
- ○
- ○

Fragen zur Energie

- ○ Wie ist die Stimmung in der Gruppe?
- ○ Wie ist die Stimmung der Einzelnen?
- ○ Was alles könnte Einfluss auf die Energie der Gruppe haben?
- ○ Wie wach, müde, schlapp oder konzentrationsfähig sind die Teilnehmer?
- ○ Gibt es bei den Teilnehmern im Tagesverlauf ›Hochs‹ und ›Tiefs‹?
- ○
- ○
- ○
- ○
- ○
- ○

141

Munterrichtsmethodenwahl

Fragen zum Rahmen

- ○ Wo findet das Seminar statt?
- ○ Wie groß ist der Raum?
- ○ Welche Medien stehen zur Verfügung?
- ○ Mit welchen Möbeln ist der Raum ausgestattet?
- ○ Wie laut bzw. leise ist es im Raum? Wie ist die Akustik?
- ○ Stehen Gruppenräume oder Arbeitsplätze auf Fluren oder im Foyer zur Verfügung?
- ○ Wie viel Zeit habe ich?
- ○ Zu welchen Tageszeiten wird gelernt?
- ○ Wann sind Pausen, wann feste Essenszeiten?
- ○
- ○
- ○
- ○

Fragen zur Komposition

- ○ Wie ist das Verhältnis von Gruppen-, Partner- und Einzelarbeit?
- ○ Mit welchen Grundformen (referieren, vorzeigen, lesen, schreiben) wird gearbeitet?
- ○ Welchen Charakter haben die Methoden (sportlich, ruhig, aufregend usw.)?
- ○ Mit welchen Methoden wurde am Tag bzw. am Vortag in den vorangegangenen Einheiten gearbeitet?
- ○ Mit welchen Methoden wird in den kommenden Stunden oder Tagen gearbeitet?
- ○ Ist für Abwechslung gesorgt?
- ○
- ○
- ○

142

Munterrichtsmethodenwahl

Fragen zum Stil

○ Welche Methoden passen zu mir?
○ Welche Methoden leite ich
  gerne an?
○ Mit welchen Methoden lerne
  ich selbst gerne?
○
○
○
○
○
○
○
○
○

Zugegeben, das sind recht viele Fragen. Aber wie schon gesagt: Es ist nicht nötig, bei jeder Methodenwahl alle Fragen zu beantworten. Verstehen Sie die Sammlung eher als erinnernde Checkliste, die Sie bei der Methodenauswahl noch auf die eine oder andere wichtige Frage aufmerksam machen kann.

Schon so manches Mal haben uns die Fragen vor Fehlschlägen bewahrt. Zum Beispiel wurde bei der Seminarvorbereitung deutlich, dass wir noch viel zu wenig über Ziel, Teilnehmer und Rahmen wussten. Die Fragen führten da zu der ernüchternden Erkenntnis: Wesentlich mehr Vorarbeit als geplant (und erhofft) war vor Kursstart noch nötig. In solchen Fällen heißt es: tief durchatmen und ran an die Arbeit!

Seit langem steckt in jedem unserer Seminarkoffer in einem Seitenfach eine Kopie der Fragensammlung. So können wir bei der Anreise oder zwischendurch im Seminar noch einmal prüfend darüberblicken und überlegen, ob wir bei der Informationssammlung wirklich alles bedacht haben. Und ganz nebenbei stimmen wir uns prima aufs Seminar ein, indem wir die Fragen durchgehen und im Geiste beantworten.

Munterrichtsmethodenwahl

Schritt 2: Suchen und kreieren

Wenn Sie die für Ihre Methodenwahl entscheidenden Leitfragen beantwortet haben, kann der zweite Schritt, die Suche nach geeigneten Wegen, beginnen. Wir empfehlen, damit tatsächlich erst zu starten, wenn Sie alle wesentlichen Informationen zu den vorgestellten Bereichen gesammelt haben.

Wer mit der Suche vorher loslegt, wer Methoden kreiert, ohne die Grundfragen zu klären, läuft Gefahr, die auserkorenen Wege immer wieder anpassen oder womöglich verwerfen zu müssen. Im einen Fall vielleicht, weil sich herausstellt, dass statt der vermuteten 6 Stunden doch nur ein knapper Vormittag zur Verfügung steht. In einem anderen Fall, weil Sie von Kollegen zufällig erfahren, dass die Lernenden einige Teile Ihres Themas bereits im Vorkurs ausführlich behandelt haben.

Also müssen Sie mit der Suche von vorn beginnen. Das ist sehr bedauerlich, weil Sie schon eine Menge Energie und Denkarbeit in die Suche und Entwicklung investiert haben. Von den eingeschlagenen Wegen wieder loszulassen, kann außerdem manchmal richtig schwer

fallen. Wer mit viel Herzblut vorbereitet, kann sich schon mal in den einen oder anderen geplanten Weg vernarren. Dann ist es schmerzhaft, die geliebten Ideen wieder verwerfen zu müssen. Wenn Sie sich solchen methodischen Liebeskummer ersparen wollen, beginnen Sie also erst nach der ausführlichen Informationssammlung mit der Suche.

Aber wo suchen? Für eine gute Möglichkeit haben Sie sich mit der Lektüre der Munterrichtsmethoden bereits entschieden: Methodensammlungen wie diese sind gute Fundquellen für neue Anregungen.

Wenn Sie als Trainer und Dozent bereits ein paar Jahre im Geschäft sind, dann haben Sie im Laufe der Zeit sicherlich ein beachtliches Methodenrepertoire zusammengetragen. Denken Sie nur, wie viele Methoden Sie bei all den Kursen und Trainings schon eingesetzt haben.

Vielleicht fallen Ihnen auf Anhieb nur Ihre derzeitigen Favoriten ein? Mit den Methoden ist es ähnlich wie beim Kochen: Je nach Jahreszeit, Geschmack und Geldbeutel haben viele Menschen ihre 6, 7 Stars auf der Pfanne. Die werden immer wieder gern serviert.

Munterrichtsmethodenwahl

Und dann kommt einem plötzlich wieder ein früher geliebter Dauerbrenner in den Sinn, der irgendwann mal aus der heißen Hitliste verschwunden ist.

Damit Sie Ihren Methodenschatz einfacher nutzen können, empfehlen wir Ihnen eine kleine Methodenkartei. Legen Sie für jeden Ihrer Methodenhits eine Karteikarte an, auf der Sie den Lehrweg mit ein paar Halbsätzen und Stichworten kurz beschreiben. Wenn Sie dann künftig auf der Suche sind, können Sie den Kartenstapel zur Hand nehmen und nach geeigneten Wegen durchforsten. Wir empfehlen, den Methoden Namen zu geben. So finden Sie Ihre Schätze später schneller wieder. Falls Sie noch keine Methodenkartei haben, können Sie mit der Vorbereitung dafür gleich hier beginnen: Bitte nehmen Sie sich eine viertel Stunde lang Zeit, und überlegen Sie:

- Was sind zurzeit meine Klassiker?
- Was sind meine Lieblingsmethoden?
- Was waren früher meine Favoriten? Vor ein paar Monaten, vor einem Jahr, beim Thema X?

Spazieren Sie ruhig ein wenig durch Ihre Trainervergangenheit, und forschen Sie nach Ihrem Methodenrepertoire.

Munterrichtsmethodenwahl

Und? Zufrieden mit Ihrer Beute? Dann haben Sie für die nächste Suche ja schon ein gutes Startkapital!

Wir sind noch immer bei der Frage, wo Sie nach Ideen, Ansatzpunkten oder fertigen Methoden für Ihre Seminarsituationen suchen können. In Veröffentlichungen und Ihrem vorhandenen Repertoire haben Sie bereits geforscht.

Als dritte mögliche Quelle können Sie einen Effekt nutzen, den Sie sicherlich aus anderen Lebensbereichen kennen: Worum auch immer es geht, bei den Fragen und Problemen anderer ist es meist wesentlich einfacher, Tipps zu geben und Ideen zu spinnen. Man ist unbefangen, kann aus sicherer Entfernung auf die Sache blicken und mutig Ideen formulieren. Schildern Sie also einfach Ihren Freunden und Kollegen, für welche Herausforderung Sie nach Methoden suchen. Klar, dass das besonders dann gut funktionieren kann, wenn Ihre Freunde vom Fach sind und etwas mit Weiterbildung zu tun haben. Aber es ist immer wieder überraschend, was auch Tante Marianne oder Fred von nebenan beisteuern können. Wenn man sie nur fragt.

Sollten Sie an der Sache mit Tante Marianne oder mit Nachbar Fred ernsthafte Zweifel haben, dann schauen Sie sich gleich die nächste Suchquelle an: Als **Lernende** haben Sie im Laufe des Lebens nicht nur an unzähligen Schulstunden, sondern wahrscheinlich auch an Kursen, Seminaren und Vorlesungen teilgenommen. Denken Sie an alle Ihre Schul-, Ausbildungs- und Studienjahre. Es lohnt sich, hier auf die Suche zu gehen und zu überlegen: »Wie wurden uns damals Europas Hauptstädte vorgestellt?«, »Wie haben wir das Deutsche Strafgesetzbuch erkundet?« usw.

Gleich auf der nächsten Seite haben Sie eine Chance, nach selbst erlebten Methoden zu forschen. Wir haben ein paar mögliche Ausgangspunkte zusammengestellt, von denen aus Sie suchen können. Finden Sie auch weitere Ausgangspunkte, die Ihnen helfen können, Methoden auszuspähen. Nutzen Sie die freien Flächen.
Los geht's.

Munterrichtsmethodenwahl

Mit welchen Methoden haben Sie's gelernt?

Englisch, Französisch, Russisch
oder andere Fremdsprachen _____

Theorie in der Fahrschule _____

Mathematik _____

Geschichtsdaten _____

Rechtschreibung _____

Präsentieren, Referate halten _____

Schwimmen, Tanzen oder eine andere Sportart _____

_____

_____

_____

_____

_____

Munterrichtsmethodenwahl

Sie sehen, für die Methodensuche gibt es eine Menge Quellen und Möglichkeiten. Und eine ganz wichtige haben wir noch gar nicht angesprochen: Ihr eigener kreativer Geist. Denn er ist in der Lage, aus allen bekannten Bausteinen und Einzelteilen immer und immer wieder neue Methoden und Variationen zu schöpfen.

Ihr kreativer Geist ist nun – wie auch immer Sie zu Ihren Ideen kommen – gefordert: Nun heißt es, mit den gefundenen Bausteinen zu spielen, die Ideen neu zu mischen, zu variieren. Es gilt, die favorisierten Methodenideen an die in Schritt 1 analysierte Seminarsituation anzupassen und zu überprüfen, ob sie den Zielen, Teilnehmern, Rahmenbedingungen und so weiter gerecht werden. Oder ob passendere Varianten entwickelt werden sollten. Zu diesem meist lustvollen Prozess gehört es, Methodenideen zu entwerfen, Bilder vor dem geistigen Auge entstehen zu lassen und manchmal die entstandenen Gedankenspiele auch wieder zu verwerfen. Vielleicht, weil sie einfach nicht zu den Anforderungen passen. Oder weil Ihnen – kaum war ein erster guter Gedanke gedacht – schon ein viel besserer in den Sinn kommt.

Wir empfehlen Ihnen, sich für diesen kreativen – und manchmal auch anstrengenden – Vorgang genügend Zeit zu nehmen. Forschen Sie nach möglichen Wegen, entwickeln Sie nicht nur eine, sondern lieber zwei oder drei gangbare Versionen, und überschlafen Sie dann Ihre Entwürfe, bevor Sie sich bei Schritt 3 für die eine oder andere Variante entscheiden.

Munterrichtsmethodenwahl

Schritt 3: Entscheiden

Nun haben wir genug hin- und herüberlegt. Jetzt heißt es zum Schluss kommen, eine Entscheidung treffen. Wenn Sie sich den ersten beiden Schritten gewissenhaft gewidmet haben, dann fällt dieser dritte Schritt in der Regel recht leicht. Zu überlegen ist dabei, **wann** die Entscheidung für die eine oder andere Methode und Variante idealerweise getroffen wird: Soll ich Stunden, Tage oder sogar Wochen vor Kursstart wählen? Das wäre nicht schlecht. So hätten Sie frühzeitig alles in trockenen Tüchern und könnten sich ausgiebig auf das beschlossene Programm einstimmen. Wenn Sie sich mit Hilfe der Informationsfragen gut in die Seminarsituation hineindenken, dann haben Sie gute Chancen, dass der Plan realistisch ist. Aber dennoch können Sie vor Seminarstart eben nicht alles wissen. Vielleicht kommt die Sache ganz anders? Und dann stehen Sie da mit Ihrer ›falschen‹ Wahl.

Häufig ist eine gute Entscheidung doch erst dann möglich und sinnvoll, wenn das Seminar beginnt, läuft bzw. in vollem Gange ist. Dann wissen Sie, mit wem Sie es zu tun haben, wie die Stimmung ist und welche Methoden ›aus der engeren Wahl‹ am besten passen. Dann können Sie auf genau die Situation reagieren, die sich Ihnen bietet.

Sie merken schon. Beide Entscheidungszeiträume haben ihre Vorzüge und ihre Berechtigung. Wir machen daher gute Erfahrungen mit einer Kombination:

Bei der Planung vor Seminarstart … treffen wir eine Entscheidung in Ruhe. Das gibt Sicherheit. Nach gewissenhafter Überlegung liegen wir mit der getroffenen Wahl in der Regel auch nicht daneben. In der Zeit vor dem Kurs können wir uns vor unserem geistigen Auge immer wieder vorstellen, wie wir die Methode erklären, was wir dafür brauchen und wie wir vorgehen. Dann können wir gelassen loslegen.

Mitten im Seminargeschehen … stellen wir manchmal fest: Oh, was wir uns da ausgesucht haben, das passt hier nicht! Das dauert zu lang, ist zu unruhig, hat sich an sich schon erübrigt usw. Dann schwenken wir flott um zu einem anderen Lehrweg. Das gelingt natürlich besonders gut, wenn wir uns bei der Planung vor Seminarstart sinnvolle Alternativen überlegt haben!

149

Munterrichtsmethodenwahl

Fünf Wahltipps

Mit 5 praktischen Tipps, mit denen wir selbst sehr gute Erfahrungen bei der Methodenwahl machen, wollen wir uns von Ihnen verabschieden:

Tipp 1: Finde drei gute Gründe!

Tipp 2: Sei dein erster Kunde!

Tipp 3: Finde die passende Dosis!

Tipp 4: Bereite dich auf das Unmögliche vor!

Tipp 5: Forsche nach der Lage der Nation!

Munterrichtsmethodenwahl

Tipp 1: Finde drei gute Gründe!

Es ist wichtig herauszufinden, ob die ausgewählte Methode zum angestrebten Ziel führt. Wenn Sie sichergehen wollen, dass dem so ist, dann empfehlen wir Ihnen, nach 3 guten Gründen für Ihre Methodenwahl zu suchen. Stellen Sie sich vor, Sie müssten Ihre Methodenidee vor einem prüfenden Methodenanwalt verteidigen. Der fragt scharf und genau nach und will den Methodenmissbrauch im Land verhindern. Ruhe gibt er erst, wenn Sie ihm 3 wirklich triftige Gründe vortragen können, die in Ihrer Situation für Ihre Methode sprechen. Das könnte zum Beispiel so aussehen:

»Herr Methodenanwalt, morgen will ich den Seminartag mit der Methode **Von A bis Z** (Methode 6) beenden. Meine Begründungen:

1. Mit **Von A bis Z** fordere ich die Lernenden heraus, den Stoff noch einmal zu erinnern und wiederzugeben. Das entspricht ganz meinem Ziel!

2. Bei der Methode sind alle Lernenden aktiv. Auch das ist meine Absicht!

3. **Von A bis Z** bringt durch den Wettbewerb zwischen den konkurrierenden Teams am Ende des Tages noch einmal Leben ins Seminar. Genau das will ich am Abend erreichen!«

Der Methodenanwalt nickt. Jetzt können Sie durchatmen – es kann nichts mehr schief gehen!

Munterrichtsmethodenwahl

Tipp 2: Sei dein erster Kunde!

Methoden auf neue Themengebiete zu übertragen, ist spannend. Sie fragen sich beispielsweise: »Eignet sich die Munterrichtsmethode **Schema X** (Methode 11), um die Teilnehmer unterschiedliche Führungsstile unter die Lupe nehmen zu lassen?« Unser Tipp, um das herauszufinden: Probieren Sie die Aufgabe als Ihr erster Teilnehmer selbst aus.

Beantworten Sie für sich zum Beispiel die selbst formulierten Fragen beim **Frischhaltequiz** (Methode 17), **schwärzen** (Methode 7) Sie den vorgesehenen Text, oder nehmen Sie selbst Stellung zu den Aussagen, die Sie für die **Tempo-Thesen-Runde** (Methode 1) vorbereitet haben. So merken Sie schnell, ob Sie die passende Methode für Ihr Thema gewählt haben. Beim Testlauf stellen Sie zudem fest, ob Schwierigkeitsgrad und Zeitplanung passen. Über besondere Herausforderungen wie beispielsweise eine unklare Aufgabenstellung stolpern nun Sie selbst – und nicht die Seminarteilnehmer! Nicht alle Methoden lassen sich allein ausprobieren. Wir laden regelmäßig Freunde und Kollegen zu Testabenden ein und spielen neue Kreationen bei Käse und Wein durch, bis sie sitzen.

Tipp 3: Finde die passende Dosis!

»Alles, was ich übertreibe, ist sträflich!« Dieser Leitsatz gilt auch für die Methodenwahl. Weder ein Übermaß an Lehrvorträgen noch eine Überdosis Munterrichtsmethoden sind wünschenswert und sinnvoll. Methodische Maßlosigkeiten lassen sich im Vorfeld leicht erkennen und verhindern.

Fügen Sie in Ihrem Seminarplan zwei zusätzliche Spalten ein, falls Sie diese noch nicht haben: ›Aktion Trainer‹ und ›Aktion Teilnehmer‹. In diese Spalten tragen Sie ein, was Trainer und Teilnehmer im Laufe des Seminartages tun werden: zuhören, antworten, schreiben, diskutieren, Fragen stellen, zusammenfassen und so weiter.

Zum Beispiel könnte Ihr Aktionsplan so aussehen wie auf der folgenden Seite abgebildet:

Munterrichtsmethodenwahl

Auszug aus einem Seminarplan zum Thema ›Bilanzansatz‹

Zeit	Dauer (Min)	Ziel	Methode	Aktion Trainer	Aktion Teilnehmer	Material
09:00	05	Die TN erinnern noch einmal die Begriffe ›DBO‹, ›Plan Assets‹, ›Pensions-aufwand‹	Startfragen an die Teilnehmer	Fragen stellen, erklären	erinnern, wiedergeben	
09:05	10	Die TN kennen die Hürden des Bilanzansatzes	Lehrvortrag	vortragen, erklären	zuhören	Folien
09:15	20	Die TN können die Entwicklung des Bilanz-ansatzes im Falle der sofortigen Amortisation von Gewinnen/ Verlusten durchführen	TN erhalten unvollständige Darstellung und beantworten Leitfragen wie z. B.: »Was erhöht die DBO im Zeitraum 01.01.-31.12.?«	fragen	überlegen, antworten	- Darstellung Bilanz auf Kopien - Darstellung auf Packpapier - Pinwand, Karten
09:35	15	DBO und Plan Assets werden gemeinsam erarbeitet	›Drehen und Wenden‹	Aufgabe anleiten	in Teams diskutieren, Begriffe ordnen, Ergebnis vorstellen	Pins und Karten

Nun fahnden Sie nach möglichen Überdosierungen und erwünschten Abwechslungen in den beiden Aktionsspalten. Um Überdosierungen zu verhindern, müssen Sie nicht immer so gewissenhaft und ausführlich wie im Beispiel vorgehen. Oft genügt es auch, den geplanten Ablauf im Geiste durchzugehen und zu prüfen, was Teilnehmer und Trainer tun.

Tipp 4: Bereite dich auf das Unmögliche vor!

Erfahrene Trainer können ein langes Lied davon singen, welche Rahmenbedingungen einen – anders als abgesprochen und erhofft – am Seminarort erwarten können. (Allein mit unseren Erlebnissen, die erst im Nachhinein lustig scheinen, könnten wir viele Seiten füllen.) Mit der Tatsache, dass das Seminarleben trotz aller gewissenhaften Vorbereitung und aller Absprachen immer wieder neue Überraschungen bereithält, haben wir uns inzwischen angefreundet.

Vor einigen Jahren entstand daher ein kleines Spiel, das es für uns leichter und spaßiger macht, mit diesem Zustand zu leben, und das uns gleichzeitig auf viele mögliche Unmöglichkeiten vorbereitet: Auf dem Weg zum Seminar – in der Bahn, im Auto, im Flieger, zu Fuß oder auf dem Rad – fantasieren wir, welche ›Herausforderungen‹ uns am Seminarort heute erwarten und unsere methodischen Vorhaben durcheinander bringen könnten.

(Noch) gelassen überlegen wir, was wir tun werden, wenn zum Beispiel

- der Strom ausfällt
- doppelt so viele oder nur halb so viele Leute wie geplant kommen
- der Raum anstelle von Stühlen mit festgeschraubten Eckbänken möbliert ist
- wir im Raum nicht aufrecht stehen können
- und munter so weiter …

Unter den abwegigsten Vorzeichen spielen wir den geplanten Seminartag durch und variieren in Gedanken unser Methodenprogramm. Das ist lustig und macht im Laufe der Zeit – zumindest gedanklich – flexibel. Und siehe da: Wir werden immer seltener überrascht …

154

Munterrichtsmethodenwahl

Tipp 5: Forsche nach der Lage der Nation!

Wie gut Ihre Methoden bei den Lernenden ankommen, hängt ganz entscheidend von deren Stimmung ab. Nachfragen ist der sicherste Weg, um herauszufinden, wie die Teilnehmer ›drauf‹ sind. Hier eine Möglichkeit, wie Sie die ›Lage der Nation‹ erfassen können:

Auf dem Tisch oder am Boden legen Sie eine Sammlung von Karten mit Adjektiven aus (siehe Kasten). Sie fordern die Teilnehmer auf, sich jeweils 1, 2 oder 3 Karten auszusuchen, die ihren aktuellen Zustand am besten beschreiben. Wer für sich keine passenden Adjektive findet, schreibt eigene Karten. Das Gleiche gilt für diejenigen, die nicht die gewünschten Karten bekommen, weil andere Teilnehmer schneller zugegriffen haben.

Anschließend bitten Sie die Teilnehmer, ihre Auswahl vorzustellen und kurz zu berichten, wie es um sie steht.

motiviert	verspannt
unausgeschlafen	neugierig
entspannt	konzentriert
müde	nachdenklich
abgelenkt	vergnügt
albern	
	überrumpelt
aufgetankt	erstaunt
überrascht	aufgeregt
durstig	begeistert
verliebt	
ermattet	lustig
beschäftigt	krank
	überfordert
erwartungsvoll	angespannt
erregt	gelangweilt
wach	genervt
munter	
ernst	besinnlich
frisch	wütend
	gesund
erschöpft	satt
	ausgeschlafen
langsam	
fit	gefordert
ärgerlich	
schlapp	fröhlich

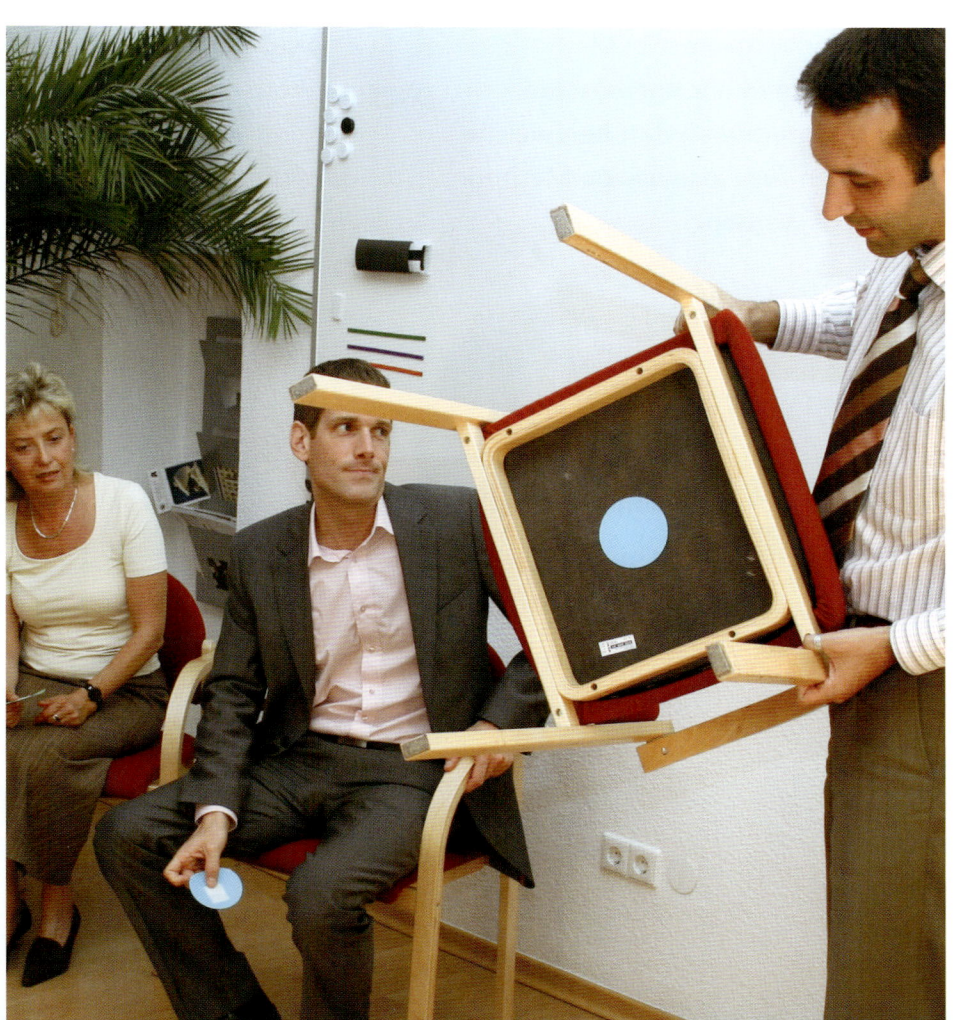

Munterrichtsmaterial

Munterrichtsmaterial

Bei jeder vorgestellten Methode finden Sie in der Kurzbeschreibung Informationen darüber, welche
Materialien für die jeweilige Methode
gebraucht werden.

Das Schöne an unseren Munterrichtsmethoden ist: Alle Methoden lassen
sich mit wenigen einfachen Mitteln
durchführen. Mit ein wenig Papier,
ein paar Karten und Stiften kann es
losgehen!

Papiere und Folien

in verschiedenen Formen und Farben
(Packpapier, Flipchartbögen, A3, A4, A5)

Moderationskarten

in verschiedenen Formen und Farben

Briefumschläge

in verschiedenen
Formen und Farben

Spielmaterialien

wie Würfel und Spielfiguren

Munterrichtsmaterial

Extras

wie Sektgläser, Sekt und Saft

Hier ein paar Tipps, wo Sie schnell fündig werden, natürlich ohne Anspruch auf Vollständigkeit. Viel Spaß beim Auswählen!

Lern- und Lehrmittel:

www.neuland-online.de

www.villa-bossanova.de

www.trainings-ideen.de

www.hjp-online.de

www.owb-shop.de

Büromaterial:

www.office-discount.de

www.viking.de

Stifte

für Flipchart, Overheadprojektor, Whiteboard, Tafel und Papier

Material zum Befestigen

wie Schere, Schnur, Wäscheklammern, Tesakrepp, Tesafilm, Klebestifte, Pins, Magnete

Zum Weiterlesen

Aebli, Hans:
Zwölf Grundformen des Lehrens – Eine Allgemeine Didaktik auf psychologischer Grundlage. Medien und Inhalte didaktischer Kommunikation, der Lernzyklus.
Stuttgart: Klett-Cotta, 2003 – 12. Aufl.

Besser, Ralph:
Transfer: Damit Seminare Früchte tragen – Strategien, Übungen und Methoden, die eine konkrete Umsetzung in der Praxis sichern.
Weinheim: Beltz Verlag, 2004

Döring, Klaus W.:
Handbuch Lehren und Trainieren in der Weiterbildung.
Weinheim: Beltz-Verlag: 2008

Groß, Harald:
Munterrbrechungen – 22 aktivierende Auflockerungen für Seminare und Sitzungen.
Berlin: Schilling Verlag, 2010

Groß, Harald:
Lernlust statt Paukfrust – mit deinen Motivatoren leichter lernen in Schule, Studium und Beruf.
Berlin: Schilling Verlag, 2011

Groß, Harald &
Boden, Nikolaas &
Boden, Betty:
Von Kopf bis Fuß auf Lernen eingestellt – ein munteres Lernhandbuch.
Berlin: Schilling Verlag, 2004 – 3. Aufl.

IFB-Team der Ruhruniversität Bochum:
Wissen, was zählt – Ideen für die Lehre.
Bochum: RUB-Verlag: 2010

Klippert, Heinz:
Methoden-Training – Übungsbausteine für den Unterricht.
Weinheim und Basel: Beltz Verlag, 2002 – 12. Aufl.

Schilling, Gert:
Angewandte Rhetorik und Präsentationstechnik – Der Praxisleitfaden für Vortrag und Präsentation.
Berlin: Schilling Verlag, 2011 – überarbeitete Aufl.

Schilling, Gert:
Moderation von Gruppen – Der Praxisleitfaden für die Moderation von Gruppen, die gemeinsam arbeiten, lernen, Ideen sammeln, Lösungen finden und entscheiden wollen.
Berlin: Schilling Verlag, 2012 – überarbeitete Aufl.

Zum Weiterlesen

Schilling, Gert:
Seminar-Spiele – Kennenlernspiele,
Auflockerungsspiele, Feedbackspiele und
Interaktionsspiele.
Berlin: Schilling Verlag, 2009 – 3. Aufl.

Schulze-Seeger, Jürgen:
Schwarzer Gürtel für Trainer – Wie Sie im
Seminar nichts und niemand zu Boden
wirft.
Weinheim: Beltz Verlag: 2009

Skill Autorenteam:
Seminare lebendig gestalten – Kreativ
lehren und lernen.
Offenbach: GABAL Verlag, 2001 –
überarbeitete Aufl.

Stahl, Eberhard:
Dynamik in Gruppen – Handbuch der
Gruppenleitung.
Weinheim, Basel, Berlin: Verlagsgruppe
Beltz, 2002 – 1. Aufl.

Weidenmann, Bernd:
Erfolgreiche Kurse und Seminare –
Professionelles Lernen mit Erwachsenen.
Weinheim: Beltz Verlag, 2004 –
6., neu ausgestattete Aufl.

Schlusswort eines Meisterschülers der Munterrichtsmethoden

Träumen Sie auch manchmal davon, ein Seminar über ein komplexes Thema zu halten – bei dem die Teilnehmer am Ende des Tages wie aus einer anderen Welt erwachen und erstaunt fragen: »Ist der Tag schon vorbei? Und wann geht es morgen weiter?«

Erfreut und erleichtert stellen Sie fest: Sie haben wirkliches Interesse geweckt, die Teilnehmer sind engagiert und wollen mehr. Das mag natürlich hin und wieder auch am Thema selbst liegen. Aber seien Sie doch mal ehrlich: Welche Themen gibt es schon, mit denen allein wir die Teilnehmer mehrere Tage lang fesseln können?

Ich träumte im letzten Jahr davon, meine Kollegen für das faszinierende Gebiet ›Internationale Rechnungslegung für Altersversorgungsleistungen‹ zu begeistern. Ich persönlich finde das Thema sehr interessant. Aber wie sollte ich meine eigene Begeisterung auf die Kollegen übertragen? Ich bekam nur zwei Tage Zeit dafür und wusste, dass es viele andere Themen gibt, die meine Kollegen viel mehr beschäftigen. Da brauchte ich also eine kreative Unterstützung. Diese fand ich in den Munterrichtsmethoden.

Als ich die einzelnen Methoden auf einem Workshop kennen lernte, dachte ich zuerst: »Naja, aber das hat doch gar nichts mit meinem eigentlichen Thema zu tun. Und diese Spielchen: Die sind doch eher etwas für Kinder. Was sollten meine Kollegen bloß von mir denken, wenn ich sie in dem Seminar auffordere, die Augen zu schließen und mir ins ›Kino‹ zu folgen?«

So richtig vorstellen konnte ich mir das nicht. Bald jedoch erkannte ich, dass es beim Lernen und Lehren nicht nur um das inhaltliche Thema gehen kann. Vielmehr müssen auch Erwachsene etwas ›zum Spielen und Anfassen‹ haben, damit sie wach bleiben und den Lernstoff leichter verstehen, anwenden und vor allem verinnerlichen können. Allmählich bekam ich richtig Lust darauf, mein für andere Menschen vielleicht eher trockenes Altersversorgungsthema lebendig zu munterrichten.

Schlusswort

Nachdem ich meine Lieblingsmethoden anschließend genauer studiert
und mir im stillen Kämmerlein den Ablauf laut ausgesprochen hatte, brachte
ich den Mut auf, meine Kollegen als
Erstes mit dem **Brillenträgervotum**
(Methode 2) zu überraschen. Sofort bemerkte ich die ungeteilte
Aufmerksamkeit, die sich einstellt,
wenn nicht nur ich als Referent spreche,
sondern auch die Teilnehmer spüren,
dass sie gefordert sind und aktiv am
Seminar mitarbeiten.

So wende ich inzwischen viele der
Munterrichtsmethoden erfolgreich an.
Und nach einigen Monaten habe ich
mich fast schon daran gewöhnt, dass
mein Traum Wirklichkeit geworden ist:
»Tim, das war ein super Tag! Wann geht
es morgen weiter?«

Düsseldorf, im September 2006
Tim Hauschildt

Dank

Vielen Dank

Viele Menschen haben uns bei der Entwicklung der Munterrichtsmethoden und der Entstehung dieses Buches unterstützt. Wir danken den vielen Kursteilnehmern für ihre Lust am Ausprobieren und die anregenden Methodenideen. Viele Lernwege sind so entstanden. Ganz besonders danken wir:

Catja Adler
Kathrin Brune
Michael Brey
Prof. Dr. Klaus Döring
André Emmermacher
Monika Ferchow
Diana Gapp
Cornelia Gellrich
Tanja Gringel
Michael Groß
Rita Groß
Siegbert Groß
Anja Hagen
Arndis Hess
Tim Hauschildt
Stefanie Hensel
Henriette Huppmann
Lena Isert
Dr. des. Marc Jarzebowski
Frithjof Jönsson

Thomas Koch
Birger Kronshage
Gerhard Lehmann
Anke Lüers
Dr. Anja Mensching
Sebastian Müller
Maria-Christin Osthoff
Gunther Ostwald
Erdmute Otto
Rupert Prossinagg
Sandra Uhl
Falk Rahn
Uta Rautenstrauch
Raiko Ritzka
Christiane Rogge
Regine Schenkenberger
Gert Schilling
Walter Schmidtchen
Diana Stanger
Dorothea Stein-Bergmann
Prof. Dr. Gaby Strassburger
Paul Szameitpreiks
Jan-Fokko Toelstede
Jutta Wepler

Lust auf mehr?

Bei Orbium-Seminare Berlin gibt's nicht nur Munterrichtsmethoden. Sorgen Sie mit unseren Munterbrechungen auch in Ihren Kursen für neue Energie. Oder kommen Sie mit uns Ihren Lernmotivatoren auf die Spur – und denen Ihrer Teilnehmenden.

Mit unserem Profiteam können Sie nicht nur in Büchern lernen. Erleben Sie uns live in unseren Trainings, zum Beispiel in diesen:

- Fachtrainerausbildung
- Hochschuldidaktik
- Munterrichtsmethoden
- Munterbrechungen
- Präsentationstraining
- Lernmotivation

Aktuelle Informationen finden Sie unter **www.orbium.de** oder unter **www.lernmotivatoren.de** **www.trainerausbildung.orbium.de**

Kennen Sie schon den Orbium-Newsletter?

- neue Methodenhits
- Veranstaltungshinweise für Trainer
- Praxistipps

Einfach registrieren unter **www.orbium.de** oder per Mail bei **info@orbium.de**

Moderation von Gruppen
Der Praxisleitfaden für die Moderation von Gruppen, die gemeinsam arbeiten,
lernen, Ideen sammeln, Lösungen finden und entscheiden wollen

Gert Schilling, ISBN 978-3-930816-59-0

Angewandte Rhetorik und Präsentationstechnik
Der Praxisleitfaden für Vortrag und Präsentation

Gert Schilling, ISBN 978-3-930816-66-8

Wundertüte Konflikt
Der Praxisleitfaden für den erfolgreichen Umgang mit Konflikten

Thorsten Schildt, 34,- Euro, 21x25 cm, 149 Seiten, ISBN 978-3-930816-67-5

Zeitmanagement
Der Praxisleitfaden für Ihr persönliches Zeitmanagement

Gert Schilling, ISBN 978-3-930816-62-0

Projektmanagement
Der Praxisleitfaden für die erfolgreiche Durchführung von kleinen und
mittleren Projekten

Gert Schilling, ISBN 978-3-930816-60-6

Präsentieren mit Laptop und Beamer
Der Praxisleitfaden für Ihre wirkungsvolle Präsentation mit Laptop, PC
und Beamer

Gert Schilling, ISBN 978-3-930816-64-4

Verkaufstraining
Der Praxisleitfaden für das beratende Verkaufsgespräch

Gert Schilling, ISBN 978-3-930816-61-3

Kartensets
22 Munterrichtsmethoden Teil 1
22 Munterrichtsmethoden Teil 2

22 Munterbrechungen

Harald Groß, Postkarten in Faltschachtel

Munterrichtsmethoden
22 aktivierende Lehrmethoden
für die Seminarpraxis

Harald Groß, Nikolaas Boden und Betty
Boden, ISBN 978-3-930816-18-7

Munterrichtsmethoden - Band 2
22 weitere aktivierende Lehrmethoden
für
die Seminarpraxis

Harald Groß, ISBN 978-3-930816-28-6

Munterbrechungen
22 aktivierende
Auflockerungen für Seminare
und Sitzungen

Harald Groß, ISBN: 978-3-930816-20-0

Lernlust statt Paukfrust
Mit deinen Motivatoren leichter lernen in
Schule, Studium und Beruf

Harald Groß, ISBN: 978-3-930816-25-5

Lernlust statt Paukfrust Kartenset

Einfach Coaching
Das Praxisbuch für Führungs-
kräfte, Projektleiter und
Personalverantwortliche

Thomas A. Knappe und Jürgen Straßburg,
ISBN 978-3-930816-19-4

Die METALOG Methode
Hypnosystemisches Arbeiten
mit Interaktionsaufgaben

Tobias Voß, ISBN: 978-3-930816-22-4

Tarzan findet Jane!
Partner- und Gruppenfin-
dungsübungen für Seminare

M. Koch, ISBN: 978-3-930816-27-9

VISUALTools
Visualisieren leicht gemacht

Markus Wortmann, ISBN: 978-3-930816-21-7

Heiter weiter mit Transfer-
methoden
Wie Sie die erfolgreiche Umsetzung
Ihrer Trainingsinhalte sichern

Bettina Ritter-Mamczek und Andrea Lederer,
ISBN: 978-3-930816-29-3

Ich kann's ja doch!
Die Kunst der täglichen
Kommunikation

Unterhaltsames Hörbuch, Eva Ullmann,
ISBN: 978-3-930816-24-8

Seminar-Spiele
Kennenlernspiele, Auflockerungsspiele,
Feedbackspiele und Interaktionsspiele

Gert Schilling, ISBN 978-3-930816-63-7

Seminar Zubehör

Jonglier-Bälle
70 mm Durchmesser, 130 Gramm

Jonglier-Teller
24 cm Durchmesser

Schaumstoff-Würfel
Größe 16 x 16 cm

Massagetiere
Die tierische Entspannung im Seminar.

Overhead-Zeigestab »Hand«
ca. 17 cm lang, 3 mm dick, Farbe: rot

Beutebuch
Außenseite glänzend kartoniert, 28 Seiten weiß

Traumpartner Fäden
Fäden, ca. 1,80 m lang, zur Teambildung,

Ampelkarten
Ein 3er Set grünen, gelben und roten Karte

Wachsmalblöcke
8 hochwertige Wachsblöcke von Stockmar

Coaching Poster
Das TEAM-SCHIFF & Stimmungs-Baum

BuschWusch MID Ball
ca. 60gr., ca. Ø 9cm, farbig gemischt

Der Flipchart-Coach im
Trainerset
Das Set besteht aus: Buch „Der Flipchart-
Coach" (160 Seiten, Johannes Sauer
und Axel Rachow) plus 1 x Neuland
Marker BigOne grau + 1 x No.One
schwarz + Spezial Scotch Klebehaftstift
(wieder ablösbar) + 1 x Stockmar
Wachsmalblock-Kasten + hochwertiger
Reißverschlussbeutel

Didaktische Zaubermaterialien
Visualisieren und verankern Sie Ihre Lernziele mit zauberhaften Metaphern.

Zum Beispiel: Satz Zaubermaterial
Ein Satz besteht aus 1x Team-Puzzle (27x13 cm), 1x Ziel-Pfeil klein (ca. 7cm), 1x Multi-Pip klein
(8x5,5cm), 1x Quadrat-Rätsel (210x297cm) und 1x Schatten-Spiel (210x297cm) inkl. Erklärung

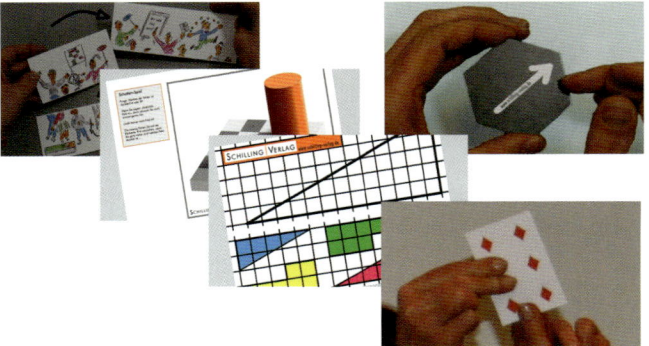